COMO NASCEM OS PAIS

Dados Internacionais de Catalogação na Publicação (CIP)
(Câmara Brasileira do Livro, SP, Brasil)

Kaufmann, Renato
  Como nascem os pais – Crônicas de um pai despreparado / Renato Kaufmann. 3. ed. – São Paulo : Mescla, 2016.
  ISBN 978-85-88641-16-7

1. Humorismo brasileiro 2. Pais e filhos 3. Paternidade I. Título.

11-05954   CDD-649.1

Índice para catálogo sistemático:
1. Paternidade : Vida familiar : Tratamento humorístico   649.1

Compre em lugar de fotocopiar.
Cada real que você dá por um livro recompensa seus autores
e os convida a produzir mais sobre o tema;
incentiva seus editores a encomendar, traduzir e publicar
outras obras sobre o assunto;
e paga aos livreiros por estocar e levar até você livros
para a sua informação e o seu entretenimento.
Cada real que você dá pela fotocópia não autorizada de um livro
financia o crime
e ajuda a matar a produção intelectual de seu país.

COMO NASCEM OS PAIS

CRÔNICAS DE UM PAI DESPREPARADO

Renato Kaufmann

mescla
EDITORIAL

COMO NASCEM OS PAIS
Crônicas de um pai despreparado
Copyright © 2011 by Renato Kaufmann
Direitos desta edição reservados por Summus Editorial

Editora executiva: **Soraia Bini Cury**
Editora assistente: **Salete Del Guerra**
Capa: **Souzacampus**
Projeto gráfico: **Alberto Mateus**
Diagramação: **Crayon Editorial**

1ª reimpressão, 2022

Mescla Editorial
Departamento editorial
Rua Itapicuru, 613 – 7º andar
05006-000 – São Paulo – SP
Fone: (11) 3872-3322
ttp://www.mescla.com.br
e-mail: mescla@mescla.com.br

Atendimento ao consumidor
Summus Editorial
Fone: (11) 3865-9890

Vendas por atacado
Fone: (11) 3873-8638
Fax: (11) 3873-7085
e-mail: vendas@summus.com.br

Impresso no Brasil

Aos meus avós,
JOSÉ, LEA, SOFIA E OSKAR.

Agradecimentos

Aos meus irmãos, GEORGIA E JACQUES, companheiros na aventura de transformar uma dupla de cafés com leite em nossos pais. Aliás, falando nisso, acho que chegou a hora: pai, mãe, desculpem por tudo. Agora eu entendo, finalmente.

Sumário

Introdução 13

Os 12 meses mais longos da sua vida

A vida em fast-forward 16

Dez dias de vida! 18

Lulu faz um mês, o colo é só dela 20

Uma eternidade depois 21

O primeiro terço do primeiro ano 22

Só pode ser praga 25

Um diamante para minha pequena joia 26

"Ora (direis) ouvir estrelas! Certo perdeste o senso! 27

De repente, aos 7 meses 29

Festinha "enquanto mamãe está na Flip" 30

PAPAI 31

Furacãozinho de longo alcance 32

O primeiro Dia dos Pais 34

Mirror, mirror on the wall 35

Meu primeiro sushi! 36

Lacan entre a vida e a morte. Meu Laquinho... 37

Os primeiros passos a gente nunca... ahn... 39

Pai, empresta o carro que vou ver aquele gato 40

O fim da paranoia mundial 42

Cachaça em: "Nova demais para o caderninho?" 44

Um bebê é como uma planta, exceto que não combate zumbis 47

Se os pais ensinam palavrões cabeludos, as mães ensinam o quê? 48

Pai e assassino 49

Dormindo como um bebê 50

Lontras, mendigos bêbados e mães selvagens 51
Apareça em casa com apito ou tambor e meus felinos
 selvagens vão arranhar seus olhos 55
Little Garfield 57
Lucia e seus primeiros pretendentes... 58
Lucia e seu primeiro ano ao ar livre 60
A Lucia faz anos, o azar é só meu 65

O segundo ano

Ladrões de livros 68
Alou, é da pizzaria? 70
O que fazer com o maldito "peixe escolar"? 71
A idade mínima para entrar na academia de hackers 75
"Vovó, por que estes dentes tão grandes?", perguntou Chapeuzinho 77
Uma bebê escaladora 79
Temperando o pão de queijo com o suor alheio 81
Macacos me mordam, Darwin! 82
Lucia foi pro mar 83
Lucia foi pro mar, do mar vieram fotos, das fotos veio um furacão 85
De como Romeu e Julieta escorregaram em bolhas de sabão 87
O monopólio da observação dos saltos quânticos 89
Encruzilhada é terreno de Exu 91
No consultório do dr. Neural 93
Se um bebê cai no meio da floresta 96
Era segunda e chovia cicuta 97
Isso já não é salto quântico 98
As insuperáveis proezas da Aranha-Maravilha 99
O macaco com uma mão no traseiro 100
O fantasma do avestruz mágico 101
O velho fauno: bengalada pra todo mundo 106
Focinho de porco não é tomada, mas ambos são perigosos 107
Um breve descuido 109
Aliens pulsando sob a pele 111
O que as crianças fazem se você não impedir? 112

Um texto que eu jamais gostaria de escrever 113

Lucia, o pequeno saci 116

Lucia e seus primeiros pretendentes no BBB 118

Haveria piolhos na cabeça de bebês gigantes? 120

Lucia expulsa do berçário, pai impedido de entrar na escola 121

Coisas que passam pela cabeça de um bebê elétrico 122

Mothra e Macaquinho: me desculpem 123

Tem pai que chora por cada coisa... 124

Sobre o não uso da descarga, jogar o bebê no teto e outras questões ... 125

Nada mais de perna de mendigo 128

Inverno vermelho (ou uma semana em Hades) 129

Where the wild things are 131

Confissões: all systems are A-OK 132

Lágrimas e tchau, papai 133

O sono dos justos 135

A primeira visita ao dentista 136

Arte gugu-dadaísta à venda na Sotheby's 138

Serenata para uma pequena dama 139

A infecção dos memes malditos: eu me apelo Urso Cômico... 140

Um ano e meio 142

Confete, serpentina e Bonzo 144

Pequenos hackers versus Caixa-Encaixa 146

Pensei e deu saudade: vou buscar a Lucia na escola mais cedo 147

Você não sai da minha cabeça 149

Olho roxo: Lucia e sua primeira inimiga 150

Muita areia pro caminhãozinho 151

Férias dos filhos 152

O Dia da Mãe Invisível 154

No coração da Lucia: o Filósofo contra o Lorde 155

Lucia e os fazedores de chuva 157

Agora ela cresce enquanto estou longe 159

Como nascem as mães 160

No mundo da paternidade animal 163

Minha leitora mais severa *164*
Aí o lobo disse: "Get your motor running..." *165*
Corre, pequena cineasta, corre *166*
Na não calada da noite *167*
Na Ogrolândia *169*
Chave de pescoço no bebê *170*
A mamadeira explosiva *171*
Pai de longe mais uma vez *172*
— DEU POSITIVO *173*
Irmãs e o novo bebê *174*
Queen of the Bongo Bong *176*
O que, depois piora? *177*
Gravidezes *178*
Lucia e o processo eleitoral *181*
Um soco na cara *183*
Pesadelo *185*
Meteorologias *186*
Isso lá é coisa que se ensine pras crianças? *187*
Lucia e o treino para astronauta: lançamento em 10... 9... ...... *188*
Toda sofisticada de vocabulário novo *189*
Pai, o (in)desculpavelmente sujo *190*
Padrasto boca-suja *191*
A despedida *193*
De monstruosa gentileza *194*
Acordares *195*
Ela chora quando está sozinha uma ova! *196*
O Patinho Feio e sua fazenda de idiotas *197*
Diálogos internos com uma besta *199*
Um bebê é um tipo de operador de telemarketing *201*
Na montanha-russa quântica *202*
Como pode o peixe vivo terminar ali na pia... ...... *203*
Feliz aniversário, filha! *206*

Introdução

Uma vez, em uma introdução, alguém gritou apressadamente: "Tira, tira já isso daí!" No calor do momento nem sempre a gente acerta o alvo. Uma vez, em outra introdução supostamente protegida por um negócio mágico chamado anticoncepcional, ninguém tirou nada. Um negócio mágico e salafrário, dado que fiquei grávido de um bebê, de um blog e de um livro, os dois últimos chamados *Diário de um grávido*. O livro e o blog falam do ponto de vista masculino: uma sucessão de pânicos e desesperos, do dia em que fui avisado de que a Lucia deixara de morar no meu saco até o dia em que ela veio morar na minha casa – passando pelos meses em que ela ocupou o útero da mãe e eu ficava conversando com a barriga. Na gravidez você acha que o desespero vai terminar quando nascer o bebê, você contar os dedinhos, que idealmente totalizam vinte, e respirar aliviado. É bom aproveitar a respirada pra tomar fôlego. A fase da gravidez dura só nove meses, mas a fase seguinte dura o resto da vida. A gravidez introduz você na escola da paternidade, mas o parto, longe de ser uma conclusão, é só o começo. E este começo aqui, ou ainda, esta introdução, mesmo estando em um livro, também está sujeita a alguém gritando "Tira, tira já isso daí!" Se eu tivesse obedecido, este talvez fosse outro livro, mas não, "Só mais um pouquinho"... E assim nascem os pais. Da próxima vez que ouvir alguém gritando "Tira, tira!", ou é pra tirar mesmo ou é pra esconder o cinzeiro, que a polícia está chegando.

e mais

Os 12 meses mais longos da sua vida

rápidos

rien de rien
A vida em fast-forward

Os primeiros dez dias da Lucia foram um grande borrão, possivelmente por culpa das lágrimas[1]. Lembro que a enfermeira expulsou a multidão que invadiu a maternidade. Multidão de amigos meus, que vieram com charuto e tudo, sendo que os amigos da Ana eu mal deixei entrar – afinal, uma mulher que pariu precisa de algum descanso. Até parece: a Ana passeava pela maternidade de jeans e camiseta, só faltava ser confundida com visita. Eu mesmo poderia tê-la posto pra fora acidentalmente, dado que o papel do pai nessa hora é expulsar pessoas e às vezes a gente se empolga. Fui pra casa buscar roupas, chorei com músicas bobinhas no rádio do carro, entrei em casa, abracei a empregada e chorei de novo[2].

A vida no hospital é dura para o pai, esse ser desimportante; você só ganha uma pulseira azul, um sofá desconfortável e um amassado no rosto de tanto ficar com a cara colada no vidro. Mas é preciso aproveitar bem o hospital, porque depois que se vai pra casa a vida é bem mais difícil. Na primeira semana em casa a Ana não me deixava dar banho na pequena smurf, ela dizia que era porque queria dar ela mesma o banho, mas na verdade era medo. E de fato, quando você pensa em dar banho, precisa lembrar que não estará apenas segurando um bebê, mas um bebê ensaboado.

1. Tudo cisco.

2. O cisco não tinha saído ainda.

Você sabe, bebê ensaboado e sabonete na prisão são a mesma coisa: derrubou, tá ferrado.

Os bebês precisam de banho por não serem autolimpantes como os gatos, cuja primeira atitude, aliás, foi pular no bebê-conforto com o bebê dentro. Expliquei gentilmente a eles que a Lucia ainda era muito frágil e que aquele não era um comportamento, digamos, exemplar de sua parte, e que eles deveriam ser compreensivos com o fato de que não poderiam frequentar algumas áreas da casa, como o berço da criança. E sugeri que eles se escondessem, porque nesse meio-tempo a mãe da criança foi buscar uma faca na cozinha.

240 horas

Dez dias de vida!

é como se eu conhecesse a carinha dela há milhares de anos. Eu era incompleto e não sabia. Ela olha pra mim e sei que a macaquinha e eu nos entendemos mais do que posso compreender. Sempre soube que isso era um tipo de imperativo biológico, que permitiu nossa sobrevivência como espécie – mas nunca pensei que esse tal imperativo fosse tão bom! Funciona por isso. Atração pelo orgasmo, gosto doce na boca, neotenia[3] e voilà, a espécie sobrevive. O lado negro dessa força vital é o choro, um negócio que ressoa no sistema límbico de forma irresistível. Se nem os homens das cavernas defenestraram seus bebês[4] é porque esse choro é uma lavagem cerebral da natureza, um comando hipnótico impossível de recusar. Você simplesmente é coagido a resolver. E é um som de partir o coração.

Enquanto isso, mamãe compete deslealmente pelo amor de Lucia usando uma tal "mamada". Compenso contando histórias engraçadas pra ela, o que, admito, faz mais sucesso com a Maria, minha enteada. Bebês são um público difícil.

Para piorar, tem aquela enxurrada de piadas envolvendo a Lucia – e eu sempre estou do lado de lá da piada. É como se um dia Gregor Samsa acordasse transformado em papagaio, ou em português.

---

3. Essa atração por cabeças redondas e olhos grandes que faz que achemos filhotes de todas as espécies bonitinhos e sejamos escravizados por gatos, os falsos bebês.

4. Seus próprios bebês, claro. E mesmo nisso há controvérsias. Eles podem ter defenestrado todos, menos o seu ancestral – e o meu.

Lucia já conheceu o sol e foi duas vezes ao veterinário, digo, pediatra. O negócio preto que ela fazia, a tal graxa chamada mecônio, já virou cocô de verdade. Ser pai é ter orgulho até de cocô.

Ela ri, faz caras engraçadas e umas caretas muito expressivas.

Lucia fez 10 dias, e arre, como foram bons!

caquético

Lulu faz um mês, o colo é só dela, cada dia que passa, eu fico mais velho

Macaquinha fez 1 mês! Curioso, porque eu já tinha celebrado quando ela fez 4 semanas, mas contar em semanas é coisa de gente grávida.

Lulu entra em seu segundo mês de vida com um olhão azul[5], 3,5 quilos e 47 centímetros. Já sabe levantar a cabeça e mantê-la levantada, aprendeu a seguir objetos com o olhar, é uma exímia produtora de cocô, campeã de xixi a distância (gosta de praticar no pediatra) e tem um choro tão potente que é mais rápido que a luz – o choro chega pela porta antes de chegar pela babá eletrônica.

Os gatos recuperaram o direito de dormir no quarto com a gente, já que a Lucia agora dorme em seu próprio quarto, e estão bem mais tranquilos, considerando que passaram o mês todo a arranhar infernalmente a porta, mas ainda bastante carentes e em segundo plano. Coitados, eu me identifico.

Entre o trabalho, as demandas do bebê, as da casa e a privação de sono, fica difícil registrar cientificamente todas as etapas, o que é uma pena, já que algumas frases maravilhosas da Maria passam em branco, como: "Há cem anos os japoneses chegaram à Terra". Começo a considerar a hipótese de ir dormir escondido no escritório.

---

5. Dois.

o segundo mês
Uma eternidade depois

O segundo mês tem sido tão corrido que não consigo deixar de pensar nessas pessoas que criam filhos sozinhas, e sinto ainda mais respeito por elas.

Enquanto isso, os olhos da Lucia ainda são azuis, mas começam a dar sinais de castanho, com pequenos raios que se espalham como um novo sol surgindo no céu. Os olhos dela são bolinhas de gude, bonitos como fotos de astronomia.

E, assim como em astronomia, meu assombro vai além da beleza imediata, tento descobrir o que aquilo tudo representa. No caso, a nascente inteligência que move aqueles olhinhos enche-me de assombro. Como um bebê tão pequeno pode ser tão complexo? Se, na primeira semana, ela espirrou e eu fiquei pensando "Nossa, mal nasceu e já sabe espirrar", no segundo mês é incrível perceber o foco da atenção dela mudando de uma coisa pra outra, uma janela para os processos mentais dessa minúscula. Se no útero o feto passa por toda a história evolucionária do *Homo sapiens*, o bebê pequeno vive a história da sociedade em microcápsulas. Sei que isso não parece fazer sentido, mas é o que ela disse com aquelas bolinhas de gude.

quatro meses já?
O primeiro terço do primeiro ano

ucia fez quatro meses.

O bebê imprime seu ritmo acelerado de crescimento ao calendário dos pais. Quando se tem 30 e poucos anos, a diferença entre um ano e outro é irrisória – súbito já passou mais um ano, e foi igual ao anterior. Com o bebê, as coisas mudam todo mês, toda semana, todo dia até. O bebê sofre saltos quânticos enquanto dorme, e acorda a cada dia com mais inteligência no olhar.

Lucia faz experimentos com a linguagem e todo dia acrescenta o que a Ana chama de "fonábulos" novos. É uma delícia de ouvir. Ela era um bebê na barriga e agora tem voz e faz sons – quase música. Mudei meus planos e agora faço campanha pra que ela fale "mamãe" antes de falar "papai". Dizem que se dorme mais assim, afinal, adivinha quem ela vai chamar? Mas estou certo de que a primeira coisa que ela vai dizer é: "Saigato!", o que nos traz de volta à hipótese do bebê japonês[6].

Isso me lembra outra coisa interessantíssima: eu! Me aproximo do berço em silêncio. Lucia está séria e olhando para as borboletas do acolchoado, do outro lado do berço. Chego perto e digo: "Luciaaaaaaa". Ela se volta para a minha direção, me vê e abre um sorriso que eu sei que é pra mim, um sorriso como um sol

---

6. Nota da editora: veja o texto "Se você acha que bebês apenas comem e dormem...", página 27 do *Diário de um grávido.*

nascente, acompanhado de uma expressão tão gostosa que eu tenho vontade de chorar[7] toda vez que vejo.

Fora que, veja bem, o amor pela mãe é indiscutível, mas suspeito, afinal tem essa coisa do suprimento de leite, de a mãe ser uma extensão simbiótica da criança. Ela fez parte da mãe e não tem dúvida sobre isso mesmo depois que nasce. Já o pai, que não tem leite a oferecer, fica excluído de toda essa conexão mamífera. Em compensação, sabe que o sorriso do bebê para ele é completamente desprovido de interesses lácteos. E mais, o bebê aprecia que, mesmo sem a certeza da paternidade, você esteja lá pra ele. A Lucia faria um high-five, mas sua coordenação ainda não permite. Ela já usa os braços pra tentar pegar objetos, mas nem sempre acerta a direção do braço – parece uma daquelas máquinas de pescar ursinho em parque de diversão.

A macaquinha que cabia no meu antebraço já ultrapassou os seis quilos. Fazendo jus à sua ascendência judaica, ela fecha a mão com grande força, muitas vezes puxando cabelos ao alcance ou torcendo o mamilo de seu tio Jacques, o que me leva a ataques incessantes de riso.

Lucia também é sossegada e estradeira: fomos duas vezes para a praia e ela viaja com uma tranquilidade ímpar. Aliás, sossegada mesmo. Um belo dia, ela dormiu a noite inteira, e desde então dorme a noite toda[8]. E não acorda chorando – ela acorda, sorri e começa a falar com as borboletas, esperando tranquilamente que

---

7. É um sorriso que emite ciscos, ok?

8. Imagino as pobres almas que me leem agora amaldiçoando a mim e aos meus por várias gerações.

alguém venha lhe dar bom-dia. À noite ela luta contra o sono, recusando-se a dormir. Quer é ficar no colo e na sala. E se não deixamos, aí, sim, ela chora, faz beiço, fica magoada e diz "ablu-blublu" em um tom muito sentido.

Ah, e os gatos... Esses morrem de ciúme. Toda vez que vou trocar as fraldas da Lu no quarto dela, ou dar banho, já que conquistei definitivamente meu direito de banhar a pequena, os dois ficam parados na porta, miando.

Desse jeito, a primeira palavra dela vai ser "miau". Ou, ainda, "Neko-chan cho kawaii![9]"

---

9. "Gatinho muito bonitinho!"

Só pode ser praga

De algum desgraçado invejoso. A culpa deve ser minha, quem mandou ficar falando por aí que minha filha dorme dez horas seguidas e nunca chora à toa?[10]

Ela ainda dorme suas dez horas, até doze em dias bons... Mas chega a noite e ela fica elétrica, lutando contra o sono com todas as forças. Ela é bem forte. E que poder vocal! Como tanto decibel cabe em um ser tão pequeno? Isso já não é música para os meus ouvidos. É mais como "unhas no quadro-negro enquanto um lápis sem ponta arranha o papel" para os meus ouvidos.

Sempre penso nos homens das cavernas que não defenestraram seus bebês: nós descendemos deles.

---

10. A praga nos atingiu bem antes do esperado.

Kaleidoscope eyes
Um diamante para minha pequena joia

Em homenagem ao aniversário de 5 meses da minha macaquinha, dedico a ela o maior diamante conhecido do universo, que descobri lendo uma notícia sobre astronomia. **Também chamada de** BPM37093, essa ex-anã branca, que fica na constelação de Centauro, tinha muito carbono, muita pressão, muito tempo livre... E sabe como é, mais uma musiquinha romântica... Assim nascem os diamantes. E sendo literalmente um diamante no céu, BPM37093 foi apelidada de Lucy em referência à canção dos Beatles, *Lucy in the sky with diamonds*.

Dizem que os diamantes são os melhores amigos da mulher. Claro que isso é mentira, mulheres nem são tão chegadas nessas pedras, garantem meus amigos – que coincidentemente são ou duros ou pão-duros[11]. Mas se alguma alma maldosa perguntasse quantos quilates tem o diamante da pequena Lucia, ela responderia, em tom blasé: "Dez bilhões de trilhões de trilhões, o meu. E o seu?"

11. Nota da editora: o ilustre autor desta obra não me permitiu colocar o plural correto da palavra em questão.

(elas mentem)
"Ora (direis) ouvir estrelas!
Certo perdeste o senso!

E eu vos direi, no entanto,
Que, para ouvi-las, muita vez desperto
E abro as janelas, pálido de espanto..."

(UM TRECHO DE BILAC)

Lucia é um verdadeiro trem que se constrói durante a viagem. Em especial, duas coisas sinalizam pra mim seu mundo interior: a maneira como ela olha, acompanha, muda o foco ou localiza objetos já de longe e o comportamento das suas mãos, a maneira como ela pega as coisas, explora com o tato como três cegos diante de um elefante.

Ao nascer, nosso pediatra recomendou que ela ficasse de barriga pra cima, o que reduziria a chance de uma tal (apavorante) "síndrome da morte súbita em bebês". No hospital, eles deixam de lado. De bruços é a posição "mais perigosa", e, assim, nunca deixamos a Lucia dormir desse jeito. Mas agora ela sabe se virar, literalmente, e escolheu dormir de bruços. Não adianta desvirar que ela gira de volta.

Todos os pequenos avanços são impressionantes. Eu tinha a pretensão de registrar cada novo alimento e sabor que ela conhecesse. Até parece. Fui atropelado, a enorme lista alimentar da pequena de 5 meses já tem maçã, banana, pera, figo, mamão, melão, laranja, melancia, água, batata, mandioca, cenoura, sal e até carne. E eu que me espantava com o fato de ela saber espirrar. Um atchim tão bonitinho...

Ela gosta de brincar de Superman, que é quando a gente segura ela lá em cima, mas só pode ser com a música do Superman. Se cantar a do Indiana Jones, que eu sempre confundo, ela não ri. Na TV, ela fica admirada com *Pucca* e *South Park* (este último um privilégio a ser cortado da sua dieta midiática).

Lucia ainda acorda sorrindo, sempre. Mas às vezes dá mais trabalho pra dormir e chora quando percebe que está sendo colocada na cama. A mãe costumava levar pro quarto e dar mais peito, mas no meu papel de cortador do cordão umbilical já mandei parar com essa palhaçada, que a menina estava aprendendo direitinho a ser manhosa. Agora ela tem de ficar no berço e aprender a adormecer lá mesmo. Ela é possivelmente a única pessoa no planeta a me ouvir cantar (e sorrindo, pasmem!). Pobre bebê.

Além disso, Lucia tem uma atração magnética pelos gatos e arregala o olho quando eles passam perto. Eles também têm um sentimento magnético por ela, mas na polaridade oposta. Mesmo assim, toda vez que vou trocar a fralda, a roupa, ou por alguma razão entro no quarto dela, os felinos estacionam na porta e ficam miando.

Nada, nada no mundo se compara ao jeito como ela me olha, ao sorriso que ela abre quando me vê. Arrancado do eixo do meu umbigo, me vejo subitamente capaz de ouvir e entender estrelas[12].

---

12. Também vejo essa melação causando diabetes em um raio de 12 quilômetros.

atropelados
De repente, aos 7 meses

A Lucia ficou de pé no berço, começou a ir pra escola, pegou sua primeira grande gripe, fala pelos cotovelos – e essa velocidade toda só aumenta a sensação de estarmos sendo constantemente atropelados por isso tudo.

off-off-Flip
Festinha "enquanto mamãe está na Flip"

Quando mamãe viajou para a Flip, papai flop. Deu que fiquei pela primeira vez sozinho com a Lucia por cinco dias. O que fazer numa hora dessas? Festa! **No dia seguinte,** entendi por que pais solteiros não bebem.

Convite:

Enquanto mamãe está cobrindo a Flip em Paraty, Lucia e Renato conspiram para fazer uma festinha off-off-Flip – tão off que vai ser aqui em São Paulo. Na primeira etapa do evento, Lucia exibe sua habilidade de engatinhar, mostra seu primeiro furto e debate temas polêmicos da atualidade.

Depois, autor e obra vão autografar fraldas usadas, à venda em quiosque no local.

Em horário apropriado, Lucia se retirará para seu infantil santuário, sendo que os assim chamados adultos prosseguirão embriagando-se até engatinharem também.

Lacan e Mao Tsé-tung[13] supervisionarão a área vip da festa, chamada "me meto embaixo do sofá e não saio".

Levar cerveja, vinho ou a bebida de preferência, como uísque escocês e leite em pó.

---

13. Nota da editora: os gatos. Para saber por que eles têm esses nomes, compre o *Diário de um grávido* e leia o texto "Gatos", página 74.

PAPAI

AHAHAHAHAHAHA, precisa dizer mais?

(Exceto, talvez, "Papai, chame a mamãe e volte para a cama, sim?")

passa o calmante
Furacãozinho de longo alcance

Agora que ela engatinha, descobrimos que gosta de teclado, mouse, celular, controle remoto e chave de carro, pegando sempre esses objetos de dois em dois e batendo um contra o outro pra ver que barulho fazem. É impressionante como a mobilidade da criança transforma a casa, tudo passa a ser um perigo em potencial. E ela já não quer ficar no acalmador de criança, um balancinho com vibração que era a salvação da lavoura até pouco tempo atrás. Agora se faz necessário um acalmador de pais, porque parece coisa de desenho animado a capacidade de um bebê que engatinha de ir para onde não deve e ser estranhamente atraído por tudo que pode ser quebrado.

A pequena acrescentou recentemente a seu vocabulário os termos "Maria", "gato" e "tchau". Ela aliás engatinha em alta velocidade na direção dos felinos, parece um bebê de dar corda com a corda toda, um bebê The Flash gritando de prazer, fazendo que eles fujam apavorados na direção contrária.

Se eu aprendi alguma lição nesses dez meses? Várias. Mas a que não me sai da cabeça é: ser pai é cheirar a Hipoglós – o tempo todo. Cegos e cachorros são os primeiros a reconhecer um pai devido a esse dado olfativo. Roupas, cabelo e até os sanduíches que eu faço acabam cheirando a Hipoglós. Cheguei a passar esse negócio em uma queimadura que fiz na mão (fervendo mamadeiras).

Mas minha filha vai fazer 10 meses – que, ao mesmo tempo que passaram rápido demais, foram os mais longos e cheios da minha vida. Tenho certeza de que, quando a Lucia parar de usar fraldas (nem sei em que idade isso acontece, 7, 8 anos?) e eu sentir cheiro de Hipoglós ou de xampu de lavanda, serei tomado da mais profunda nostalgia, dos anos em que minha pequena filha não pedia a chave do carro, não trazia malucos tatuados pra casa, perseguia os gatos e com os olhos acesos dizia: "Pa-pai".

O primeiro Dia dos Pais

Me pergunto o que vou ganhar da pequena Lucia.

Fraldas sujas e olheiras, talvez?

Mesmo que ela não me dê uísque escocês e charutos cubanos, tudo bem, já ganhei ela, afinal. A mãe dela, por sua vez, vai ter de caprichar no presente!

Quanto ao meu pai, vamos ver se "Te dei uma neta de presente, oras!" vai colar ou não. Não custa tentar. Se der certo, vou usar isso todo ano.

E assim ganhei um delicioso perfume da L'Occitane no Dia dos Pais. Adorei, mas me pergunto se foi por causa do Hipoglós. Se eu passar esse perfume, alguém me garante que a Lucia ainda vai me reconhecer?

"Você parece meu pai, mas meu pai cheira como a minha bunda, e você cheira a, sei lá, bosques franceses. Impostor! Buááááá!"

Mirror, mirror on the wall

Segundo Lacan – o psicanalista, não o gato –, o estágio do espelho acontece entre os 6 e os 18 meses de idade. Trata--se de uma virada no desenvolvimento mental da criança, quando ela encontra e reconhece sua imagem no espelho, desenhando dessa forma o seu futuro eu.

Nos anos 1950, Lacan passou a considerar essa fase não mais um momento na vida da criança, mas uma representação da estrutura da subjetividade e o paradigma da ordem do imaginário, com o sujeito permanentemente cativado por sua imagem – uma relação libidinosa com a imagem corporal (não sou capaz de tornar Lacan inteligível, perdoem-me).

Enquanto isso, nossa pequena criança de cabelos pretos e pele branca como a neve, toda vez que para na frente de uma superfície reflexiva, faz a famosa pergunta ao espelho, espelho meu.

Meu primeiro sushi!

De pepino, claro, peixe cru ainda não pode.

Lucia comeu não um, mas três kappa makis.

A comemoração terminou quando resolvemos que seria melhor tirar um imenso pedaço de pepino da boca dela, prontamente devolvido à mocinha para remastigação.

Com a quantidade de arroz e alga que ficaram colados na cara dela, dava pra fazer um sushi novo. Banzai!

Lacan entre a vida e a morte.
Meu Laquinho...

Meu pequeno lince, liquidificador com garras, gato lacônico que em sua infância miava apenas um meio miado, um "mi", caiu doente, quase literalmente. Passou o dia sumido e finalmente encontrei-o debaixo da cama. Seus olhos iam de um lado pro outro muito rápido, sem parar, e assim ficaram por dias. E o equilíbrio dele foi pro espaço, ficava com a cabeça inclinada pra direita e caía o tempo todo pra esse lado. Mal conseguia andar, ia batendo nas paredes, caindo no chão, não conseguia nem subir no sofá.

Esses dois sintomas acusam algum problema neurológico que não é possível identificar, já que gato não fala e medicina diagnóstica felina ainda é uma fantasia. Cadê o Dr. House(Cat) quando a gente precisa dele?

Com a medicação que a veterinária receitou o olho parou de tremer e ele melhorou um pouco, mas o equilíbrio continua prejudicado, ele não come, não bebe água e a cada quatro passos tem um espasmo e cai de costas no chão. Me seguro pra não chorar.

Levei-o várias vezes à caixinha de areia para que fizesse as coisas dele, e o coitado cai na areia, cai ao sair da caixa – que eca! –, mas ele só sujou um móvel, no auge da crise. Fora isso, segura até eu levá-lo pra caixinha.

Tenho dado alimentação à força, e quem conhece sabe como o gato fica horrorizado, um verdadeiro estupro de suas vontades, mas tem de comer. Com ressentimento ou sem.

O Mao Tsé, irmão que é, cuida, olha e ajuda o Lacan a se limpar. E vira e mexe aproveita quando ninguém está olhando e cobre o coitado de porrada.

Assim, ainda não sabemos se ele vai melhorar, se vai sobreviver.

Eu queria muito que ele melhorasse um pouco mais, ele até já conseguiu ir sozinho à caixa de areia, mas ainda não come... precisa ao menos comer sozinho... mesmo que fique sequeladinho – assim como o pai. Memento mori, todos vamos morrer, mas não meu gato e não tão cedo, ele só tem 5 (ou 6) anos e precisa viver pra sempre e não sair nunca do meu lado, do meu colo, do pé da cama, da mesa de jantar onde ele arranha meu braço e pede tomates. Lacan que deixa a Lucia toda sorridente cada vez que passa em seu campo de visão.

Lacan, Laquito, meu gato, meu gato, meu gato, fique bom, sim?

labirinto
Os primeiros passos a gente nunca... ahn... do que eu tava falando mesmo?

ucia engatinhou até o enorme carrinho de bebê[14] e ficou de pé segurando-se na cestinha. Como as rodinhas não estavam travadas e ela não largou o carrinho, foi dando seus primeiros três passos à medida que o veículo ia pra frente. Ainda não é andar propriamente dito, mas está quase, mais um pouco e ela já desce sozinha pra fazer supermercado. Corta para um bebê de macacãozinho rosa empurrando um carrinho de supermercado no meio da rua, carros buzinando e tal. Antes de engatinhar, ela chegava aos lugares rolando – um meio menos eficiente, sabemos, mas absurdamente engraçado. E ainda por cima é uma aventureira, uma Lara Croft mirim... Ontem eu saí da sala, fui pro quarto e ela simplesmente engatinhou atrás de mim, um corredor e três curvas de distância, um labirinto que muito rato de laboratório não resolveria se estivesse bêbado. Quando apareceu na porta e me viu lá, a ratinha soltou um berro de satisfação, com um sorrisinho que dizia: "Achei você, impostor querido!"

---

14. Carrinho de bebê tem de ser o menor, mais portátil, mais dobrável e menos espaçoso possível, senão atravanca tudo.

liga pro hospital
Pai, empresta o carro que vou ver aquele gato

Se (quando) eu ouvir essa frase, vou responder exatamente assim: "Vai coisa nenhuma!", com uma possível parada cardíaca na sequência. E se o presente for qualquer indicativo do futuro, e dizem que é, haja desfibrilador. Afinal, ela usa e abusa do seu poder de maltrapilhamente conduzir o carrinho de bebê, e agora o safári felino tem um componente automobilístico. Em algum momento, naqueles gatos que pularam na conchinha da recém-nascida, ativou-se uma chavinha que inverteu a polaridade, fazendo que eles tivessem repulsão magnética e acabassem sempre na parte da casa mais distante dela. Acho que a chavinha foi virada pela capacidade dela de engatinhar, segurar e gritar – e combinações daí decorrentes. De qualquer modo, o safári felino ganhou rodas e assim, pela primeira vez, ela chegou tão perto do gato – que não estava pronto para tão veloz locomoção infantil – que vibrava de alegria e tropeçou de emoção antes de conseguir fazer o que quer que ela tivesse planejado.

Como se safári felino fosse pouco, ela inventou de escalar o apoio do carrinho e ficar em pé sobre ele (aposto que fincando mentalmente uma bandeira naquela montanha instável sobre rodas, para meu desespero e temor). A combinação de paranoia paterna com imaginação fértil é horrível, horrível, lhes digo. E possivelmente é um dos fatores que garantiram a sobrevivência da espécie. Imaginar é sofrer. Mas é pro mundo que a gente cria, não é? Pro mundo coisa nenhuma!

Lucia, devolve já a chave do carrinho e não mexe nas areias do tempo, porque... porque... é onde os gatos fazem suas necessidades. Ser pai de menina exige um extenso preparo psicológico, certamente mais do que o que eu tenho.

decreto
O fim da paranoia mundial

Uma epidemia de gripe invade a cidade. Crianças daqui até Netuno são convocadas a ficar em casa, uma vida de abrigo antinuclear. Depois de quase dois meses sem escolinha, decidimos decretar o fim da gripe ou, ao menos, dessa situação de sermos reféns dela. Mais um pouco e desenvolveríamos síndrome de Estocolmo, passando a defender a tal gripe.

Seguindo o exemplo de pioneiras como Amelia Earhart (primeira mulher a cruzar sozinha o Atlântico em voo solo), Helen Keller (primeira mulher nascida cega, surda e muda a falar, se formar em filosofia e se tornar escritora, conferencista e ativista social) e Lilith (além de primeira mulher, ponto, primeira a querer fazer sexo por cima do homem e também a primeira a largar o marido bundão), a pequena Lucia foi a primeira a sair da escolinha, antes mesmo que isso fosse oficialmente recomendado. Eu disse pioneiras? Quis dizer paranoicas. Paranoicas como Maria Antonieta, que achava que uma multidão estava no jardim para decapitá-la, e as vozes na minha cabeça me dizem para não continuar esse assunto.

Nesse período, ela recebeu cuidados da vovó Celiane – tão cuidadosa que, em vez de passar lencinho, lavava a mocinha na pia a cada troca de fraldas – e do meu sogro, o Tótó (que quer dizer "vovô" em ogro, digo húngaro). Meu sogro, aliás, é daqueles que ajudam com a louça, ensinam xadrez pras netas e emprestam bons livros de ficção científica. Pelo equilíbrio universal, ele deve ter um armário cheio de ossos de carteiros.

Para manter tudo asséptico e enriquecer nesse período os fabricantes de álcool-gel, todas as visitas foram embebidas em álcool, e em certos casos, como na visita do flatulento Tequila, gostaríamos de ter acendido um fósforo também.

E assim mandamos a Lucia de volta para a escolinha, que foi feliz da vida e munida de seu sorriso radioativo de apenas dois dentes. Depois de entregá-la à berçarista, fomos embora tranquilos: a Lucia ama a escola e a recíproca parece verdadeira.

sórdidos ventos
Cachaça em: "Nova demais para o caderninho?" [15]

Após longa ausência, Cachaça reaparece para visitar seu amigo, o Judeu.

Uma pequena e recém-acordada bebezinha de 8 meses, ao perceber inesperada movimentação na casa, desmancha-se em lágrimas, provocando silenciosa indignação no tal Cachaça, que se sente desamado pela infante. Revoltado e disposto a reciprocar o gesto, passa a esboçar horríveis caretas e medonhos esgares, fazendo que a bebê chore novamente, agora sim com verdadeiro e indefeso pavor, precisando de muitos minutos no colo do pai para voltar a se sentir minimamente segura.

Cachaça pede para ligar a TV e sintoniza um canal de comentário esportivo, no qual velhos obesos expressam em cadeia nacional suas importantíssimas opiniões sobre times e atletas. O Judeu pede ao Cachaça que tome conta da pequenina, já refeita da desfeita (incríveis as crianças pequenas, que não guardam mágoa), para que possa preparar a papinha infantil. Cachaça estica uma das mãos na direção da criança, mantém os olhos fixos na TV e dela não descuida, apesar de suas poucas oportunidades de apreciar o não tão raro – mas para ele inédito – espetáculo da alimentação infantil.

---

15. Todos os nomes mencionados neste texto foram mudados para preservar a identidade do Tequila.

Tendo sido alimentada, a pequenina inicia o processo inverso e precisa ter sua fralda trocada. Em meio à operação, o Judeu solicita ao Cachaça que deixe a TV por um momento e venha ajudá--lo, impedindo que o bebê role e caia do trocador, enquanto o pai procura uma roupinha limpa para sua cristalina princesa. Assim que se aproxima da mocinha e inicia sua vigília, o sujeito de nome de bebida alcoólica solta o mais desavergonhado peido da história, um horroroso som prolongado e úmido, seguido de estridente e perturbadora gargalhada. Para quem não conhece, tal gargalhada pode ser descrita como uma pessoa arranhando um quadro-negro com as unhas e tendo um ataque asmático-epilético durante o processo.

Expulso do quarto cor-de-rosa que acabara de empestear sordidamente com seus ventos fecais, o Cachaça volta aliviado para o programa de TV, um especial mostrando bolas na trave ocorridas em partidas de ano bissexto. Aproveitando uma pausa no programa, ele discorre sobre gestos como representantes do intrínseco de cada ser humano. Encarnando misteriosamente um guru que trouxe apenas doçura e sentimentos bons a todas as vidas que tocou, saudosas e iluminadas por sua passagem, o Cachaça convence seu interlocutor de que, no caso em questão, não basta sofrer privadamente, é necessário prestar solidariedade aos outros que sofrem. O Cachaça é uma famoso abraçador dos recém--enlutados e também dos recém-falecidos, prática que mantém apesar de acusações plurais de necrofilia. Cachaça, um verdadeiro polo atrator de injustiça, cercado de lentes de incompreensão, explica às autoridades que não se trata de necrofilia, mas sim, na maioria das vezes, apenas de necroternura, e que nenhum morto jamais reclamou.

Tendo recomeçado o programa futebolístico[16], "Cachá" retorna a seu aspecto comatoso e o pai traz sua recém-trocada criança para a sala. Pacificada, a pequena já não chora, e presta insuficiente atenção aos sons estilo "chamamento de potrinho" que "Tio Cachaça" acredita serem os hits infantis do momento, sendo ele mais afeito a cavalos e éguas que a seres humanos. Por sua vez, ele não se dá conta dos primeiros passinhos da vida daquela menina de 8 meses ocorrendo bem ali na sua frente – ou, mais tecnicamente, na sua diagonal, já que à sua frente idosos obesos debatem nostalgicamente acerca de jogadores e times de tempos longínquos.

Não se sabe se pela chegada do "Clarque" – com a preferência da criança por este, manifestada por largos sorrisos –, ou por ter chegado o horário de seu jogo de futebol na várzea da marginal Tietê, Cachaça encaminha-se para a saída, aplicando doloroso chute no gato com leucemia felina e lembrando-se de acrescentar o singelo bebê ao seu Pequeno Caderninho de Rancores, Ressentimentos e Mágoas®™[17], cujos 30 volumes poderão ser encontrados brevemente em uma livraria próxima de você...

16. Particularmente não acredito em times de futebol, sendo ateu. Os jogadores mudam de clube. O que sobra? O time, que é uma marca. E o que representa essa marca? Um clube. E que é um clube? Um lugar onde os velhinhos fazem sauna. Assim, me recuso a torcer por uma sauna cheia de velhinhos. Torço pelo Brasil nas Copas, mas aí, sabemos, é a pátria em chuteiras, ou, como no caso das últimas Copas, a pátria em saltos altos.

17. Um dia publico um livro só do Cachaça, com esse título.

cééérebroooos...
Um bebê é como uma planta, exceto que não combate zumbis [18]

Você tem de regar bastante, mas não demais, pra não afogar.

Você tem de conversar sem esperar resposta, mesmo que te achem louco.

Você tem de evitar que seja esburacado por bichos.

E você passa a ter de lidar demasiadamente com adubo.

Mas olha como é legal:

Havia uma sementinha com peso insignificante que morava no meu saco.

Nove meses depois, aparece um brotinho barulhento de quase três quilos.

Em menos de um ano, ela triplica de peso e vira uma linda flor.

E florzinha, às vésperas de completar 11 meses, aprendeu a dar abraço!

Como abraço de filho é bom...

---

18. Perdi preciosas horas da vida da Lucia jogando o viciante "Plantas vs. Zumbis".

manual secreto

Se os pais ensinam palavrões cabeludos, as mães ensinam o quê?

A pentear o cabelo. Cabelo bonito – sabe o pavão? – é vantagem competitiva.

Que catar piolho do outro, mais que um ótimo complemento nutricional, forma vínculos e reforça laços sociais.

Que "obrigado" e "por favor" funcionam melhor que "AAAAAA!" e "CUNHÉÉÉ!"

Que, se você bobear, vão levar seu precioso pente e em troca lhe darão um rolo de fita-crepe qualquer.

E mais tudo aquilo que está no manual secreto que passa de mãe pra filha sem que os homens jamais saibam.

abraão x dexter
Pai e assassino

Não estamos falando do velho Abraão, com a faca levantada sobre o peito de seu filho Isaac, que só parou porque um "anjo" apareceu e disse: "Não faça isso, era brincadeirinha, mas que falta de senso de humor..."

Não, falamos aqui da nova temporada de *Dexter*, que vazou na internet como se fosse uma fralda muito cheia. Nosso querido assassino serial virou pai de um bebê que não dorme, o que seria razão suficiente pra começar a matar as pessoas, se já não trouxesse consigo esse hábito.

Em dado momento, ele confessa ao bebê: "Papai é um assassino serial". O bebê apenas faz cara de "Suquilhos?" As mães não sabem, mas a gente conta cada coisa pros bebês...

Algumas mães, aliás, sabem: um dia, meu amigo e mentor, o Lobo da Jangada, levantou de madrugada para atender sua linda filha. Levantou com monstruoso mau humor, já tradicional, e foi resmungando: "Puta sono, por que essa desgraçada não levanta pra variar, PQP, viu..." E claro que nessa hora, do quarto do casal, veio o grito: "Você pare de dizer essas coisas pra ela! Eu tô ouvindo tudo pela babá eletrônica!"

A babá eletrônica, verdadeira araponga infantil, deve ser responsável por mais divórcios que as redes sociais. Isso até o dia em que inventarem a telepatia. Aí não vai sobrar pedra sobre pedra.

zen noção

Dormindo como um bebê

O sono dos bebês protagoniza uma das analogias mais mal utilizadas de que se tem conhecimento. A verdade está na história do empresário que faliu e foi abandonado pela mulher, que levou até o cachorro. Diz o amigo: "Você está muito abatido. Está se alimentando direito? Consegue dormir?" "Durmo como um bebê", ele responde. "Durmo meia hora, acordo, choro, durmo mais meia hora, acordo, choro..."

E pra adivinhar por que o bebê está chorando, então? Dizem que é fácil, já que são poucas opções. Os educadores que não têm filhos dizem que é fome, sono, fralda suja ou frio. Mas os pais sabem que a lista inclui também o "problema misterioso". E pior que bebê que chora é bebê que não chora, que é mais misterioso ainda.

Um exemplo legal é aquela parábola zen. O monge Zérruela diz, ao passar por uma ponte com carpas nadando tranquilamente no laguinho: "Acho que esses peixes estão felizes". O monge Nãofuieu responde: "Como você pode saber que eles estão felizes? Você não é um peixe!" O monge Zérruela, com um olhar de quem encoxou a mãe do amigo no tanque, então fala: "Como você pode saber que eu não sei? Você não é eu!"[19] Esses monges teriam tido outras conversas dignas de nota se não tivessem contraído pombococose em um ringue ilegal para lutas de porquinhos-da-índia.

---

19. Essa resposta do Zérruela, aparentemente brilhante, na verdade confirma o comentário do monge Nãofuieu. Afinal, se ele não pode saber se o outro monge sabe ou não por não ser ele, o outro monge também não pode saber das carpas.

Lontras, mendigos bêbados e mães selvagens

Tudo começa centenas de anos atrás, com a domesticação das codornas, ou milhares de anos atrás, com a presumida domesticação dos bebês. Lucia, que pertence ao segundo grupo, comeu pela primeira vez um ovinho de codorna.

Meia hora depois, sentei a pequena na cadeirinha pra ela acompanhar o jantar da irmã e se sentir participante. Aproveitei e dei um ovinho na mão dela, que o devorou como uma selvagem. Achei que ia engasgar e que seria necessário chamar a Roto-Rooter pra desentupi-la, mas bebê tem de aprender a comer – né? Ela mesma deu um jeito, cuspindo um pedaço no chão, que se juntou aos outros que caíram, esfarelados. Como boa parte caiu, dei mais um, é a coisa mais linda ver essa menina comendo com as mãozinhas, parece uma lontra.

Aí Dona Mamãe chegou do trabalho e aproveitei para limpar a sujeira de ovos no chão. Sem ter a importante e necessária sujeira como indicador, Mamãe tem a mesma ideia genial, de modo que a lontrinha come mais três ovinhos. Chegada a hora de dormir, zureta de sono, toma meia mamadeira e capota no berço tal qual um mendigo bêbado.

Lá pelas 11 ela dá uma choradinha e para. Em geral a gente deixa, porque ela volta a dormir sem precisar de atenção; às vezes basta entrarmos no quarto, ela nos olha e, sentindo-se novamente segura, cai de cara na ovelhinha de pelúcia, adormecendo no meio da queda. Mas desta vez fui ver.

Encontrei a Lucia vestindo o capuz da blusa, sentada no escuro e dizendo coisas ininteligíveis – parecia o Charlie do *Lost* na fase heroína. Verifiquei a fralda e senti um molhado na roupinha. Afastei a mão sem querer e senti um molhado extenso na cama. Pensei: "Putaquepariu, será que o bebê está derretendo ou é a maior diarreia do planeta?"

Acendi a luz e vi, horrorizado, que ela estava completamente vomitada, a cama, a ovelhinha, a proteção do berço, tudo encharcado, vômito no cabelo, olho, nariz, orelha; uma cena de partir o coração.

Calmamente chamei: "Gatinha, vem aqui um instante, sim?" Ela arregalou os olhos e foi lavar a Lucia na pia enquanto eu esquentava água pro banho. Como mãe que é mãe sente ou inflige culpa (ou ambos), ouvi a Ana ralhando consigo mesma, ela que é sua juíza mais severa, pedindo desculpas à Lucia até pela mera existência das codornas.

Eu disse que precisávamos dar água pro bebê, pra não desidratar. Ela me pediu pra ligar pro veterinário. Nos segundos que levei para achar o telefone na agenda, já ouvi uma bronca por estar demorando muito pra ligar[20]. Expliquei ao bom doutor que ela comeu muito ovinho e vomitou, mas parece ok. Ele disse que o importante era não desidratar e que, se precisasse, podíamos dar Dramin. Fui obrigado a perguntar se seria possível que ela tives-

---

20. A tolerância a choro de bebê também é muito menor no pai/mãe que segura a criança que naquele que prepara a mamadeira com aparente lerdeza ímpar.

se aspirado vômito. Ele disse que era possível, mas que é muito raro, e que isso costuma acontecer somente com pessoas em coma. Mamãe da Lucia ficou com raiva de mim e do médico. Acho que ela esperava ouvir "Impossível" ou "Leve-a já ao hospital".

Tentamos dar água de coco, mas ela vomitou de novo, em jorros, e eu horrorizado tentava entender como cabia tanta coisa dentro de um bebê tão pequeno. Será que ela guardou vômito em um portal intradimensional especialmente pra soltar tudo nessa ocasião? Será que ela era oca e dentro dela era tudo estômago? A essas alturas, Dona Mamãe estava muito brava e irritada. Na quinta patada, expliquei que o foco tinha de ser o problema da Lucia e não a reação materna a isso. Ela rosnou ameaçadoramente pra mim, que não tenho senso de oportunidade algum. Lucia deu umas risadas e pareceu sinceramente aliviada. Entendo bem isso, nada melhor que a sensação de não precisar vomitar mais. Quantas noites não dormi abraçado de conchinha com a privada?

Compelido a ligar novamente para o médico, contei que Lucia tinha vomitado de novo e perguntei o que deveríamos fazer se ela vomitasse o remédio. A Ana ficou emputecida porque eu disse ao médico que a pequena parecia melhor. Afirmou que odeia o modo como eu atenuo as coisas e que a Lucia podia ser subtratada por causa disso. Respondi que eu é que odeio como ela exagera as coisas, que a Lucia podia acabar sendo supertratada por isso e que imaginar uma possibilidade não basta para que ela seja uma preocupação válida.

Lucia, bem melhor mas zonza de sono, recusou-se a beber qualquer coisa e adormeceu no colo da mãe. Tentei pegá-la para levar ao berço e minha mão quase foi arrancada a dentadas. Dona Mamãe passou as duas horas seguintes com a pequena no colo, fazendo carinho e rosnando para quem chegasse perto. Por fim, resolveu dormir na sala, com Lucia no cercado, por via das dúvidas.

Comentei que a pequena estava um pouco fria e pálida (olha que burro!), e ela logo pegou o telefone para ligar pro médico e dizer que a Lucia estava fria e pálida. Tentei explicar que a parte dela que está coberta está quentinha, e que qualquer um que vomitasse daquele jeito ficaria pálido, mas preocupação de mãe é uma coisa límbica, de cérebro reptiliano. A razão só vem alguns cérebros depois na escola evolucionária – e não pra todo mundo. O pediatra, tendo sido informado da quantidade exata de ovinhos, disse entre um bocejo e outro que achava que não era suficiente pra ela passar mal, e que podia ter sido excesso de comida mesmo[21].

Deitamos ambos no sofá, olhando a pequena dormir. Aliviada por não se sentir mais a causa do revertério, Dona Mamãe pediu desculpas por ter sido tão agressiva. E eu, feliz por estarem finalmente ambas bem, durmo como o amigo do mendigo bêbado, aquele que fugiu com a garrafa de pinga e desmaiou no viveiro das lontras.

21. Depois descobrimos que era uma virose.

lista negra

Apareça em casa com apito ou tambor e meus felinos selvagens vão arranhar seus olhos

Como todo mundo sabe, quem presenteia filho alheio com instrumentos musicais é um baita sádico, canalha, FDP, pulha, biltre, miserável, espírito de porco. Chocalhinho até vai, mas tambor, apito, corneta e afins são razões pra ir direto pra lista negra, quando não para o inferno. Em um caso ligeiramente relacionado, minha enteada de 8 anos trouxe pra casa um pianinho (órgão eletrônico? sintetizador? teclado? tralha chinesa?) que ganhou no aniversário passado. Devem ter se cansado lá na casa do pai dela e mandaram pra nós. É um daqueles teclados da Hello Kitty, que se você deixar faz música sozinho. E ele sempre liga com volume máximo, esse simpático default de fábrica.

Aliás, foi um presente do pai dela, que não só não é um sádico nem nenhuma das ofensas supracitadas como é um cara muito legal, e a gente se dá superbem. Coisa muito rara que não é pra qualquer um. Que coisa essas famílias modernas!

Aí, engatinhando no corredor, a pequena Lucia encontra o teclado em uma prateleira e o traz cuidadosamente, cof-cof, ao chão. Ligo pra ver se funcionava ainda... e não é que ela se empolgou?

Ficou apertando (esmurrando?) as teclas, descobrindo os sons, chegou até a ligar o acompanhamento e improvisar um solo em cima, incluindo voz e percussão. Ela era um espermatozoide entre milhões, à procura de um óvulo (ou de uma úvula) e agora está aí fazendo o maior som. Uau.

Little Garfield

Liguei pra escola avisando que ia atrasar para pegar a Lucia e pedi que lhe dessem algum tipo de sola de sapato pra comer. Avisei a Ana, que, como uma boa mãe, ligou pra escola em seguida (às vezes me sinto pouco útil) e perguntou o que iam dar pra ela. "Banana", disseram. Ana explicou que seria pouco e que a Lucia ia morder a mão de algum amiguinho (soa familiar?). Aí deram pra ela a lasanha do primeiro ano. A mocinha se esbaldou tanto que nem quis a mamadeira noturna. Mas sacanagem chamá-la de Garfield, né? Todo mundo sabe que, naquele contexto, ela seria o Nermal. Ou a Arlene, deixando o cargo de Nermal para o Lacan, este sim gato fofo por profissão – especialmente depois do derrame, já que ele fica com a cabeça meio inclinada e todo mundo acha que ele está pagando de lolcat. Com ou sem derrame, precisa ver a agilidade com que ele foge da Lucia ou tenta roubar a comida dela, gato folgado! Taí: o Lacan é um cruzamento entre o Garfield e o Nermal na ilha do dr. Moreau.

miseráveis!
Lucia e seus primeiros pretendentes...

O u "Meu pai é louco e fica projetando coisas".

O primeiro coleguinha com quem a Lucia brincou no berçário foi o Davi. Uma figurinha, alegre, divertido, boa companhia e chegou primeiro. Amigão.

Ser o melhor amigo pode ou não ser uma vantagem. Provavelmente não. Davi não me recebe na porta, e não adianta dizer que estava amarrado na cadeirinha. Dois pontos negativos.

O Pedro foi o último a entrar no berçário, mas tem um enorme crédito. De todas as crianças do berçário que não são minhas – suspeito que todas[22] –, ele é o que sempre fica feliz quando me vê, e gosto dele por isso. Deve ser essa a sensação que as outras pessoas têm quando veem a Lucia, dado o sucesso no elevador: todo mundo ganha um sorriso e sai flutuando em nuvens, eu deveria cobrar por alegrar o dia de todo mundo com minha filha[23]. Mas o Pedro corre esse grande risco: por gostar de mim, é capaz de perder pontos com a Lucia. Vocês sabem como são as meninas, se eu gostar de todo mundo é capaz de ela sair com o cachorro.

---

22. Dizem que a Lucia, por ser parecida comigo, é um teste de DNA ambulante. É nada. Pode significar apenas consistência no gosto da Ana no que se refere a homens. Preciso ver se o leiteiro* e o padeiro parecem comigo.

* "Leiteiro" é um negócio que entrega a idade.

23. Deus me livre!

E tem o Lucas. Ele é muito sério e fechadão, sorri pouco e nunca pra mim, um bebê fleumático e perdido em pensamentos profundos. Não sei bem qual é a dele. Quando ele aprender a falar, vai ser interessante ouvir sobre o que ele tanto parece filosofar, afinal. Um tipo bonitão, quieto, de olhos azuis; talvez eu devesse enviá-lo pra Legião Estrangeira preventivamente.

pais possíveis
Lucia e seu primeiro ano ao ar livre

Como um capitão Renault de *Casablanca*, estou chocado, chocado por descobrir que há jogatina aqui, digo, que já se passou um ano desde que ela nasceu. Nossa, um ano! Ou 21 meses desde que ela deixou o aquecido labirinto do meu sistema reprodutivo[24] e, de todos os lugares possíveis, teve a sorte de parar na acolhedora barriga de sua mãe.

Aos 30 a gente nem percebe se entrou ou saiu ano, a vida pode ser meio homogênea nesse sentido. Com uma filhota, o mundo fica cheio de pequenas conquistas, a gente comemora o primeiro cocô saudável e também o mais recente, mas limpamos ambos com o mesmo asco. O cocô de hoje, o primeiro da nova idade, grudou em tudo, inclusive na minha mão. Precisei encarar como um "boa sorte" de teatro pra não arremessar, horrorizado, a fralda no teto e o bebê de bunda na parede, onde ficaria grudado, e fingir que não vi nada até a empregada chegar.

Isso tudo me fez pensar que o caminho que me trouxe até aqui é bem mais comprido que esses 12 ou 21[25] meses. É importante lembrar outras coisas que tiveram influência no fato de a Lucia ter esse pai e não outro, ainda que esse outro pudesse ser outro eu.

---

24. Minha editora ficou simplesmente horrorizada com a quantidade de vezes que eu usei a piada sobre o fato de a Lucia ter morado no meu saco, então acabei procurando alternativas.

25. Os 12 fora mais os 9 dentro.

Mao Tsé-tung e Lacan, meus gatos

Em uma época da minha vida, me bateu uma senhora depressão, e eu errava dia e noite pela casa vazia. Decidi adotar um gatinho. Fui até um abrigo e fiquei na dúvida entre dois irmãos. Me convenceram a levar os dois. A casa ganhou vida, e os filhotes ganharam casa. Foi a primeira vez que tive gatos, uma experiência difícil. Eles não vêm quando você quer, e a necessidade de carinho que manda é a deles, não a sua. Às vezes, eu ficava inconformado e carente e os perseguia pela casa (acho que a Lucia teve a quem puxar). Eles se escondiam dentro do fogão, em uma parte inacessível, como o porquinho-da-índia do Manuel Bandeira. Foi a primeira vez em muitos anos que me preocupei com algo que não era eu mesmo, e isso me ajudou a sair do buraco. Fora que aprender a amar um bicho que destrói seus móveis, faz zona quando você quer dormir e bebe água da privada é um excelente treino de paternidade e de paciência.

Meu sobrinho Samuel, o príncipe do playground

Ele é o primeiro da nova geração do meu lado da família, e fiquei emocionado com seu nascimento. Escrevi no outro livro sobre o parto na banheira[26], a circuncisão[27], seus sonhos cheios de peitos, e aí estava a sementinha do que viria a ser o blog Diário de

---

26. "A primeira aventura de Samuel", página 42 do *Diário de um grávido*.

27. "Vocês querem cortar o meu o QUÊ?", página 48.

um Grávido e o futuro pai, em meio a coisas mais sombrias em outro endereço, como...

Uma Harley destruída e muitos pinos de adamantium (snikt)

Um belo dia, a caminho de uma reunião, sofri um tenebroso acidente de moto. Por pouco não morri e por menos ainda não perdi a perna. Passei uma semana no hospital, cinco cirurgias, 12 pinos de titânio e uma dor horrenda que não passava nunca. A Ana não saiu do meu lado e eu não tinha ideia do futuro que nos aguardava. No sexto dia, o médico do joelho disse que eu nunca mais poderia fazer snowboard[28] e fiquei às lágrimas pela primeira vez desde o acidente. Teimoso que sou, não vendi a moto, não seria derrotado por um acidente. Isso, claro, até precisarmos pagar as inúmeras despesas de gravidez e parto.

Desafiando as estatísticas

Consegui ser assaltado em Nova York, com revólver na cara e tudo, por dois cartunescos malfeitores, Bandana e Monocelha, que me diziam: "Não transforme isso em um homicídio", e eu respondia: "VOCÊS não transformem isso em um homicídio!" Dificultei também a entrada deles na pousada, onde queriam fazer um arrastão, e eles decidiriam que eu merecia uns bons socos na

---

28. Classe média sofre.

cara. Duas semanas depois, os vi na rua e fui atrás com uma pedra. Aí me dei conta da estupidez e chamei a polícia. Ainda bem, porque se tivesse continuado atrás deles com a pedra na mão seria muito provável que alguns anos depois Lucia nascesse órfã. A história acabou com perseguição com carros de polícia digna de filme americano e eu descalço, cercado de judeus ortodoxos e policiais mal-humorados porque, depois de tanta perseguição, não tinha 100% de certeza que o cara que eles pegaram era um dos dois.

Desafiando ordens médicas

Apesar do parecer do médico, dois carnavais depois do acidente peguei minha prancha de snow e fui procurar os famosos ursos sob a neve, com resultados que por pouco não foram também catastróficos. No sétimo dia a perna já tinha vontade própria e me sabotou numa curva, ocasionando um daqueles capotes em que você cai montanha abaixo dando piruetas; tinha certeza que só ia brecar quando desse com a cabeça em uma pedra. Eu não sabia, mas nessa viagem a Lucia já tinha se mudado do "limbo"[29] pra barriga da Ana. A essas alturas, me sentindo deveras mortal, já havia criado um terreno bem fértil para a sementinha de imortalidade que é a Lucia.

---

29. Acho que vocês podem imaginar qual era a piada aqui.

E minha enteada Maria...

... teve uma participação tão importante nesse meu parco preparo que mereceria um capítulo só pra ela.

Tendo passado por isso e mais quatro ou cinco outros acidentes com risco de morte (porque risco de vida quem tem é espermatozoide) – um de carro[30], outro de carro[31], um jet kart afundado[32], um barco grande o qual eu não tinha o menor cacife nem licença para dirigir[33] e que quase afundei por pura estupidez –, me senti especialmente sortudo ao comemorar o primeiro ano da Lucia, que quase teve de dizer que seu pai morreu anos antes de ela nascer[34].

Tem uma frase atribuída ao Paul Valéry que diz: "O homem feliz é aquele que ao despertar se reencontra com prazer e se reconhece como aquele que gosta de ser". Pois eu gosto de ser o pai da Lucia.

Feliz aniversário, filha!

---

30. Fui atropelado por uma árvore.

31. Não bati de frente na estrada por um triz – raspei laterais com o carro que vinha na direção contrária.

32. Esse me dá pânico só de lembrar, dado que o outro jet kart partiu o nosso ao meio e por sorte não acertou meu irmão, fazendo que eu tivesse dois "meio-irmãos" em vez de um inteiro.

33. Estava em Miami, uma amiga me levou para a casa com cais de uma amiga dela, uma esposa entediada com a chave do iate. Perguntaram se eu sabia dirigir e eu disse "Claro". Paramos no canal e eu joguei a âncora. Quando vi estávamos quase batendo em um poste aquático, porque a âncora ficou presa na escadinha e o barco estava sendo arrastado pela correnteza.

34. *O cheiro do ralo.*

carbono-14

A Lucia faz anos, o azar é só meu, cada ano que passa, eu fico decrépito

Aniversário apenas não basta, tem a malfadada festa infantil, que mesmo quando minimalista é uma epopeia. Primeiro a pequena assistiu com estranheza às pessoas se agruparem à sua volta. Quando começaram a cantoria e as palmas e ela se deu conta de que eram pra ela, passou a brilhar como uma estrela e a rir com avidez. Por efeito de tanta atenção concentrada, da centésima palma, de um monolito[35] ou quem sabe por mera coincidência, ela se transformou em outro bebê, mais evoluído. No dia seguinte, estava dominando a subida em móveis, que até então era bem hesitante, e surgiram diversos novos "fonábulos". A descida dos móveis, por sua vez, continua um tanto preocupante e desesperadora, como um campeonato de tombo ornamental.

Terminados os parabéns, ela põe um chapeuzinho de festa na cabeça (depois de tê-lo tirado quando a gente colocou; ela gosta de pôr sozinha). Sua linda irmã Maria acrescenta mais um chapéu, transformando-a em uma princesinha-joaninha medieval, e juntas começam a despir as oferendas. Após desembrulhar os presentes, Lucia fica indignada com insinuações sobre sua suposta inaptidão para o kung fu, ensaia uns tabefes e olha com pena

---

35. Nem vem, editora, não aceito "monólito".

para um nariz que decidiu quebrar, por pouco não teve sucesso. Em seguida desiste de seus modos violentos, cheia de compaixão, e pede ao garçom um leite duplo, cowboy.

Ela bebe o leite com voracidade característica, que, somada ao vestido de joaninha – o qual, pasmem, eu mesmo comprei –, faz que ela pareça uma joaninha laricada. Depois, como o vestido atrapalhava o engatinhar, ela se adaptou rapidinho, engatinhando com os pés em vez dos joelhos. Aposto que esse mês ainda ela vai andar sozinha. E no fim do ano, correr na São Silvestre. Mas gosto de dar mamadeira, um momento sempre muito especial pra mim. Devo estar compensando algo.

Ainda no "salto quântico evolutivo", no dia seguinte à festa ela estava tomando mamadeira sozinha. Antes ela já tentava, segurava e mordia o bico, mas não tinha entendido que precisava levantar a traseira da mamadeira pra sorver o conteúdo... E quando vi estava tomando suco de melancia com a maior independência... Snif...

O aniversário ainda guardou uma surpresa, a visita de uma bisavó. Não a psicanalista desbocada que é minha avó querida e viva, mas uma avó da Ana que nem eu conhecia, uma senhora tão pequena e fofinha que dá vontade de guardar na prateleira, dentro de um globo de neve, e chacoalhar de vez em quando.

acho que vou
O segundo ano
ser reprovado

babados
Ladrões de livros

Minhas lembranças mais antigas da casa do meu avô são de uma enorme biblioteca e um monte de cachorros. Foi só mais tarde que descobri que a ficção científica reinava ali e virei súdito. Naquela época, o que me marcou foram as estantes repletas de livros e aquele cheiro de papel. Peguei gosto por cheiro de livro. Também gosto de cheiro de gasolina, mas isso é outra história.

Uma década depois, acabei morando dois anos lá e devorei tudo que pude daquela biblioteca, com minhas mãos sujas de baba de cachorro, para grande irritação do meu avô. Depois disso, sempre que ia visitá-lo, saía de lá com um livro emprestado – e mais uns quatro escondidos na mala. Sou obrigado a confessar que minha paixão pela leitura superava minha honestidade, afinal, não é só o Fernando[36] que é indesculpavelmente sujo e irrespondivelmente parasita.

Também sempre quis ser o pai de um desses, não dos cachorros, mas desses objetos que cheiram bem e são devorados por leitores e traças. Inclusive virei jornalista por gostar de escrever, mas só depois percebi meu engano: jornalista tem de gostar é de notícia, de fatos. Saí do jornal antes de ceder à tentação de publicar uma matéria inventada. Acho que deve ter gente lá que faz isso e ninguém percebe.

36. Fernando António de Nogueira Pessoa. É que somos íntimos.

Um belo dia, minha namorada, sabe-se lá como, fica grávida. E, no que seria uma ironia do destino, ou mais exatamente um sarcasmo do destino, meu primeiro livro saiu eminentemente não ficcional, ainda que a grávida jure ser tudo mentira.

Minha filha nasceu e, na primeira vez em que visitou uma livraria, com um 1 ano de idade, ficou encantada, olhando com olhos arregalados para todas aquelas capas coloridas e paredes de lombadas. Passear em livrarias sempre evocou em mim uma nostalgia da biblioteca do meu avô. Estacionada depois na seção infantil, minha filha vibrava com cada livrinho-brinquedo que a gente mostrava pra ela, daqueles com música, chocalho e imagens grandes.

Depois de horas escolhendo livros para depois pôr de volta a maioria, já que nunca consigo comprar todos os que quero, levei ao caixa os mais irresistíveis e fomos embora. Quando fui tirar a bebê do carro, notei que ela estava toda feliz com um livro nas mãozinhas: *Insetos ocupados*. Essa minilarápia era realmente filha do pai dela. Eu disse: "Feio, Lucia, feio", quase sem disfarçar meu orgulho.

vergonha alheia

Alou, é da pizzaria? Eu queria uma meia leite, meia sola de chinelo, com borda de pelo de gato, por favor

A Lucia, esse suposto testezinho de DNA ambulante, é chegada em tecnologia, como o pai[37]. Sabendo que a fruta não cai longe da árvore, a não ser que a árvore fique numa ladeira e a fruta role, se bem que mesmo assim é onde ela caiu que conta no ditado, não onde ela parou, mas enfim, minha mãe trouxe pra ela um celular de brinquedo. Dá até para gravar uma mensagem, que é reproduzida quando ela aperta o botão certo. De tanto ver a gente falar no telefone, ela sabe direitinho pra que serve o diabo do aparelho. Filmei a cena, para meu grande desgosto, já que detesto ouvir minha voz nos vídeos, ainda mais falando em bebeês. Se já é difícil vencer o senso de ridículo e conversar privadamente em bebeês, é com relutância que solto videozinhos nos quais pareço um teletubby acéfalo. No mínimo ela não vai ser a única a ser ridicularizada graças a esses filminhos. Mas valeu a pena só por ver minha bebê gênia e sua fluência em gadgets! A tal ponto que, quando eu digo a ela pra falar comigo pelo telefone, ela tira o telefone da orelha. "Pra que gastar pulsos pra falar com você pelo telefone se você está aqui na minha frente? Papai bobo."

37. Presumido.

O que fazer com o maldito "peixe escolar"?

uscando a Lucia em uma sexta-feira, sou emboscado próximo à saída pela diretora da escolinha.

Ela me entrega um saco cheio de água com um peixe laranja dentro. Tento recusar, digo que não, que sou contra peixe ensacado de brinde, que esse bicho morre logo e deixa as crianças tristes e prefiro não levar, mas ela insiste, diz que é importante de alguma forma e põe ele na minha única mão livre. Não captei bem os detalhes, pois estava carregando a cadeirinha com a Lucia nela[38], além da pesada malinha de sexta, em que tudo que fica no berçário volta pra lavar, e resmungando em voz alta. Pois deveria ter aberto o saco e engolido o peixe vivo, ali, na hora. Não tendo feito isso...

No carro o peixe nadava freneticamente em seu mundo claustrofóbico, me deixando com a impressão de que ele estava apavorado, angustiado, à beira de uma crise de pânico[39]. Não sendo Ph.D. em piscicultura nem astrólogo, não sei o que peixes pensam, mas não me parecia que ele estivesse nadando de felicidade. Onde está o monge Zérruela quando a gente precisa dele[40]?

---

38. Ela ainda se locomovia na cestinha do carro... Puxa, parece que faz tanto tempo isso!

39. As más línguas dizem que isso se chama projeção. Más línguas, más! Pra caixinha!

40. Investigando se, quando uma única palma bate em uma xícara transbordando em uma floresta onde não tem ninguém, ela faz algum som.

Chegando em casa, vejo um papel no saco do peixe[41], com seu nome científico (*Xixifóforos molhadus* ou algo igualmente bizarro), a marca da loja de aquarismo que gentilmente doou os pobres peixes às pobres crianças e instruções de uso que misteriosamente não incluem uma frigideira. Finalmente algo com que eu posso me identificar, já que leio até bula de remédio. As instruções indicam que o peixe precisa de comida apropriada (não pode dar sobras de espaguete alho e óleo), à venda na lojinha[42]. Que a água tem de ser desclorificada com produto à venda também na lojinha, o Água-tetra-desclorificator Tabajara. Dá-lhe lojinha. Furioso, comento com a empregada que o único acessório de que eu preciso sai de graça em qualquer restaurante japonês. Ela me olha com estranheza.

Para a moradia do peixe, fico em dúvida entre um vidro de maionese sem maionese e um cilindro alto de vidro, bom pra, sei lá, nadar em círculos, escolhendo este último. Encho de água da torneira e transfiro o peixe pra lá. Dou um pouco de comida para peixes, já que não quero mais esse peixe na minha consciência, e tento me lembrar do último que tive.

Ah, sim, eu devia ter a idade da Maria, uns 8 anos, ou menos. Tínhamos uns peixes no aquário. Eu achei que o aquário e os peixes estavam sujos e coloquei xampu na água. Ou talvez só quisesse ver o que aconteceria. No dia seguinte, com grande surpresa, seguida de grande desespero, constatei que matara nossos

---

41. Tecnicamente no saco COM o peixe; o outro só pode ser encontrado por aquaristas pervertidos.
42. Surpresa.

peixes de estimação. Chorei e, numa reação incomum para o meu jovem eu[43], confessei a todos o crime.

Ao contrário de George Washington, que cortou a cerejeira favorita do seu pai, confessou e não foi punido (só podemos crer que ele ainda estivesse com o machado na mão quando isso aconteceu), fui punido: primeiro, tendo de viver com a culpa de ser um jovem piscicida; segundo, com algum castigo de que nem me lembro; terceiro e pior de tudo, por anos a fio minha irmã mais velha me chamou de assassino. Gente, como aquilo doía! Oito anos de idade e já na estrada para o inferno, aquela pavimentada com boas intenções.

De volta ao presente, instalo o peixe perto do espelho do banheiro, quem sabe ele fica menos entediado? Porém, logo descubro que os gatos notaram sua chegada com ávido interesse, tendo sido retirados das proximidades já com o focinho na água. Vamos presumir que eles sejam inocentes e dizer que rondavam o local apenas porque estavam curiosos e que o focinho molhado era apenas sede, a privada talvez estivesse fechada. Seja qual for o caso, de tédio o peixe não morre – já do coração, não sei.

A última etapa é a nomeação do laranjinha. A Maria imediatamente vota em "Rê", nome do último peixe da casa, cuja morte causou pânico entre os amigos, que ouviram dela ao telefone que "o Rê morreu". Sugiro "Sashimi" e todo mundo me olha feio. No fim, o nome do peixe ficou sendo algo que não recordo, porque enquanto se batia o martelo eu estava ocupado resmungando.

---

43. Reação incomum a meu velho eu também.

Se eu jogar o Sashimi na privada, será que ele chega vivo a algum lugar? Sobreviveria ao rio Tietê? Todo dia de manhã eu entro no banheiro e fico angustiado porque o peixe me olha e eu não sei o que ele quer de mim. Só sei que a culpa é da escolinha.

terremoto
A idade mínima para entrar na academia de hackers jedi fica menor a cada ano...

A pequena h4xOr [44], tendo achado um terminal desprotegido (leia-se o computador da casa), aproveita para trocar a música, minimizar a janela do jogo, apagar duas pastas [45] e ainda quer bater no gato com o teclado.

Como nem tudo são rosas, ou mesmo nada, semana passada ela mexeu no controle de volume do computador e pôs acidentalmente no máximo, deixando o som ensurdecedor, o subwoofer parecendo um gerador de terremoto, com aquela distorção que parece até música experimental. Efeito imediato: ela tremeu de medo, olhou em volta com um misto de pavor e culpa e pôs-se a chorar e tremer. O som estava tão alto que mal deu pra ouvir o grito da pobrecita.

Pelo menos esse grito não foi culpa minha, como no dia em que ela engatinhou pra cozinha, aproximando-se da comida dos gatos. Corri dizendo "LUCIA, NÃO!" Ao ver um vulto se movendo rapidamente em sua direção e berrando, ela fez cara de pânico e soltou um grito estridente de partir corações. Horrível ter sido o causador de uma reação dessas, mas ao mesmo tempo fiquei feliz

---

44. $3 vO(ê pr3(1$4 p3r9µn74r, C3r74m3n73 $3µ COmpµ74ÐOr já ƒ01 1nv4Ð1ÐO 3 ÐOm1n4ÐO pOr µm4 G4nGµ3 Ð3 b3bê$ Ð1G1741$.

45. Juro, só descobri muito depois; procurando essas pastas como um desesperado, acabei achando-as na lixeira.

de ver os instintos de defesa funcionando – ela sentiu-se ameaça-da e botou a boca no trombone[46].

Preciso ficar preparado. Sei que da próxima vez que ouvir um grito desses o FBI vai estar na porta, perguntando quem foi o maldito cucaracha que hackeou o site da Nasa e reprogramou todos os satélites para transmitirem apenas animações infantis como *Dora*, *Ni Hao Kai-Lan* e *Super Fofos*.

---

46. Que expressão anacrônica, não sei como me deixam dizer isso em público.

todos experts

"Vovó, por que estes dentes tão grandes?", perguntou Chapeuzinho

"Dentir" é o que há de mais comum e todo mundo passa por isso duas vezes, se não tiver um ancestral tubarão. Mesmo assim, é impressionante que os dentes se formem, rasguem a gengiva e venham brilhar no sorriso como se fossem a coisa mais simples do mundo. Como um bebê tão pequeno sabe fazer coisas tão complexas como um dente? "Agora eu concentro um pouco de cálcio aqui e voilà"?

O nascimento dos dentes pode causar diarreia, bolinhas vermelhas no corpo, incômodos e deixar o bebê babando mais que avó saudosa. O elemento central aqui é "pode". Na escolinha, acontece qualquer coisa e as berçaristas já dizem que deve ser o dente[47]. Nossa diarista vê efeitos ainda mais específicos. Ela diz: "Quando nascem as presas [caninos], o cocô fica muito fedido, o senhor vai ver". Vou nada, detesto cocôs, em especial os fedidos. Vou é estar na Patagônia[48].

Já o pediatra diz que a criança passa uns dois anos nesse processo de nascer dentes, que não dá pra culpar a dentição automaticamente por tudo, que esse período tem muitas viroses,

47. Para elas, o dente é o mordomo.

48. Até parece.

diarreias e doencinhas e que o dente deve ser sempre o último da lista de suspeitos[49].

Falando em vilões, em uma viagem para o interior, a Maria me pediu pra tirar uma lagartixa do quarto dela. Era uma lagartixa escura e listrada, parecia um tigrinho. Peguei com cuidado, pra não machucá-la, e não é que o bicho me mordeu, com aquela boca banguela, e ficou pendurado no meu dedo? Dei um grito de macho devido ao susto, corri para o jardim gargalhando de nervoso e tirei calmamente a lagartixa do meu dedo. As meninas morreram de rir e foi duro foi explicar que não fui atacado por uma cobra, que aquele escândalo todo foi apenas por uma, digamos, lagartixa selvagem.

E a Lucia agora morde meu dedo e levanta os olhos pra mim, como se esperasse que eu saísse correndo com ela pendurada. Me olha com uma cara de lagartixa feliz que se alimenta exclusivamente de dedos.

---

49. Se para as berçaristas o dente é o mordomo, para o pediatra ele é o Keyser Söze.

Uma bebê escaladora, uma montanha destruída por gatos e a origem de certos brinquedos...

Foi só chamar a Lucia de lagartixinha que ela aprendeu a escalar, e muito bem, antes mesmo de saber andar. Andar mesmo, já que ela dá dois passos e meio por conta própria, até perceber que está andando, e então engatinha. É o poder dos nomes. Preciso parar de chamá-la de "Lúcula" antes que ela vire salada ou fique amarga.

Lúcula já está dominando a Montanha da Amamentação, poltrona que tem sofrido forte e visível erosão devido à ação dos elementos[50]. Chegando lá em cima, aproveita para relaxar e apreciar a vista, rainha da montanha que é. Como essa é a cadeira onde ela toma mamadeira, no colo, toda manhã, adivinha o que ela fez? Pegou uma boneca no quarto, arrastou mambembemente até a sala e sentou na tal cadeira com a boneca no colo. E a técnica de rapel, então? Uma descida da cadeira, de ré, ensinada pela mãe. E ela tem treinado, já que aprendeu a duras penas que descer de frente é pior – caiu de cara no chão mais de uma vez e agora desce de qualquer coisa de costas: cadeira, cama, sofá, colo...

---

50. Gatos, verdadeiras forças da natureza munidas de garras e senso de impunidade.

Depois aproveita para conhecer a fauna local, dando atenção a um brinquedo que parece uma mistura de jacaré com tartaruga. Aparentemente, o Papai Noel da Lucia, em vez de habitar o polo Norte, mora na ilha do dr. Moreau.

Temperando o pão de queijo com o suor alheio

Trajando modelito inspirado tanto em Altaïr de "Assassin's Creed" como no guri do curta da Pixar *One man band*, a pequena Lucia descobre o mundo da padaria, com seus deliciosos pães de queijo, carros, movimento e aglomerações de pessoas querendo fazer cúti-cúti – para as quais rosno sem sucesso.

Após os tais pães, carros e cúti-cútis, a Lucia me deu um banho de café, esfregou o pão de queijo no corrimão, a fim de temperá-lo com o sabor de cinquenta anos de mãos sujas, e quase caiu da cadeira, para comoção geral. Elixir de corrimão conta com a famosa vitamina B – de bactéria[51].

---

51. Outra versão fala em vitamina S – de sujeira.

Macacos me mordam, Darwin!

Todos nós descendemos de sobreviventes, uma linhagem inquebrantável de ancestrais que viveram no mínimo o necessário para se reproduzir. Por mérito tanto dos filhos quanto dos pais, temos essa longuíssima sucessão de bebês que não morreram engasgados, cresceram e se reproduziram. Ainda assim, a seleção natural está sempre por aí a filtrar; por mais destreza que a pequena apresente, ainda convém ficar tenso. Vai que justo ela é a ovelha negra a engasgar com o pão de queijo? Como diz o Verissimo, ninguém ouve a versão dos afogados[52]. Não que eu tenha muita opção nessa nova vida cheia de temores semirracionais e possivelmente transmissíveis. "Pai, tem um monstro embaixo da mesa." "TEM MESMO, é o fantasma de imaginar você engasgando com a comida. Agora mastiga direito, filha!"

---

52. O Verissimo explica que dizem por aí que os golfinhos salvam as pessoas que estão se afogando, levando-as à praia, mas levanta a suspeita de que os golfinhos levam as pessoas se afogando a todas as direções possíveis, mas só aqueles que são levados para a praia contam sua versão.

Lucia foi pro mar

areias

Prestes a levar as coisas para o carro e irmos para a praia, já com minha pequena mochila no ombro, pergunto de quem é aquela gigantesca mala no meio da sala. Da Maria, me dizem. Aos 8 anos, as roupas não são menores? Mas claro que não são só roupas. Descubro que, além da coleção de gibis, uma série de outros objetos e brinquedos também gosta de ir pra praia, mesmo que termine o feriado sem jamais sair da mala. No jogo estilo "Tetris" que é arrumar o porta-malas do carro, desistimos de levar o carrinho de bebê. Pra onde a Lucia for, ela vai ter de ir no braço.

No dia seguinte, quando ela acorda, faço a mamadeira e vou alimentá-la no deck, uma vista linda. Antes do fim da mamadeira eu já tinha alimentado todos os mosquitos da região – que devoraram meus pés e pouparam a Lucia. Menos mal, mas passei o resto do feriado como um flamingo, apoiado em um pé e coçando-o com o outro.

O ponto alto foi conhecer o mar. Depois de besuntá-la com protetor, levamos a pequena para a parte molhada da areia e ela se divertiu estapeando o espelho d'água e apertando a areia com as mãos. Transbordando de alegria e sem medo nenhum (ou noção de perigo), engatinhou na direção do mar e sentou na água rasa, sentindo o vaivém das ondas do rasinho e dando risada, talvez por não ter colocado nenhuma água-viva na boca. Uma onda gigantesca, para uma formiga, chegou a desequilibrar a mocinha, mas mesmo assim não causou nenhum medo. Nela. Se deixasse, acho que ela continuava indo pro fundo. Tomou banho no chuveirão pra tirar a areia e se divertiu com isso também, entrou na piscina fria com o papai, que foi o único da dupla a reclamar da temperatura. Bebês mais novos sabem prender o fôlego debaixo d'água[53], então até pensei em uma afundada experimental, mas preferi não arriscar; se fosse pego dando um caldo no bebê seria difícil me explicar.

Eu não me lembro da primeira vez que vi o mar, certamente devo ter chorado, esperneado e berrado "Não, não!", mas nunca vou esquecer esse primeiro encontro entre o mar e a Lucia, aqueles olhos arregalados de quem acabou de ver algo enorme, barulhento, salgado e decidiu que queria brincar lá também, batendo palmas de felicidade.

Afinal, o mundo é dela.

---

53. Se é que podemos aprender algo com capas de disco, eles não apenas mergulham como você pode atraí-los com um anzol e dinheiro.

não dei caldo
Lucia foi pro mar, do mar vieram fotos, das fotos veio um furacão

apai é um ser de poucas serventias. Além de isca pra mosquito também é um ótimo cabide e fazedor de sombra. Lucia parece sinalizar pra sua irmã mais velha que a beira do mar é um pouco rasa pra mergulhar, mas Maria não enxerga direito seus sinais, pois está ofuscada pela brancura do padrasto – um peixe fora d'água nesse ambiente ensolarado. Infelizmente, o dito padrasto não ofuscou suficientemente os arredores para evitar que algumas fotos, tiradas no momento exato em que uma onda acertou o bebê, ficassem nítidas.

Quando as tais fotos chegaram ao e-mail da mamãe, houve o seguinte diálogo:

— Você deu um caldo no bebê!

— Dei nada, só escrevi sobre isso de forma alegórica, juro que não mergulhei com ela na piscina!

— No mar. Eu vi as fotos.

— Que fotos?

— Aquelas em que ela está debaixo d'água e depois com uma carinha de afogada. E eu tive de ir pra uma reunião depois de ver essas fotos!

— Que exagero! A Lucia estava ótima e segura, não sei o que tem de mais nelas.

— A julgar pelas imagens, você estava tentando afogar o bebê enquanto eu ia pro mar com a Maria.

— Tudo Photoshop. A gente se divertiu, tá?

E encontramos mais uma utilidade pro papai, que é dar à mamãe uma sensação de que sem ela ele vai causar alguma catástrofe, junto com a angústia de não estar em dois lugares ao mesmo tempo e ser[54] indispensável em ambos.

Do que eu preciso pra ganhar um voto de confiança por aqui? Menos fotos?

54. Crer-se.

De como Romeu e Julieta escorregaram em bolhas de sabão

Saio da sala pra ir ao banheiro. A Lucia me segue. Pai e mãe acharam que o outro estaria de olho na pequena, que terminou em um limbo visual e de atenção. Quando saio do banheiro, ela está no corredor, bebendo do potinho de fazer bolhas de sabão. "LUCIA, NÃO!", grito com o tradicional desespero.

Respiro fundo e penso que afinal deve ser só água com sabão e que não é preciso nenhuma atitude drástica, como induzir vômito ou levá-la para o hospital. Para assinar embaixo desse pensamento, pego o tubinho e dou um gole também para me certificar. Horrível, horrível, mas parece apenas água e sabão.

A Ana tem a mesma ideia – experimentar o líquido –, mas como uma boa mãe logo em seguida liga para o veterinário, digo, pediatra, e explica o ocorrido.

Em meio a risadas, ele diz que está tudo bem, mas que somos dois loucos. E se fosse algo venenoso de fato, quem ia cuidar da Lucia com todos na casa passando mal? Eu e a Ana nos olhamos com aquela cara de culpa, de quem com ótimas e mal guiadas intenções pisou em um engradado inteiro de tomates.

No dia seguinte, como um tipo de compensação, fiquei soprando montes de bolhas de sabão pra Lucia – que, encantada, tentava aos gritos pegar as bolhas no ar e ficava intrigada quando desapareciam.

As bolhas de sabão, sabia o bardo, também são feitas de sonho, e a vidinha delas é cercada pelo sono.

O monopólio da observação dos saltos quânticos de desenvolvimento, ou Sai, sai!

Pois é. Eu estava todo feliz esta semana porque fiquei ensinando a Lucia a andar pela casa, segurando nas mãozinhas dela, aliás, uma verdadeira velocista que deve andar sozinha a qualquer momento. Sem ajuda ela chega a dar três passos, até perceber que está andando e desistir, ou anda a sala toda empurrando móveis, parece que quer redecorar a casa. Mas nossos passeios ainda eram com duas mãos dadas, e se eu tirava uma ela já se jogava no chão. Hoje de manhã, a baixinha estava feliz pra lá e pra cá com a empregada, andando de mãos dadas – e quando vi era uma mão só. Confesso que senti um misto de orgulho e ciúme louco, fiquei pensando se conseguiria achar algum bom motivo pra demitir a pobre moça.

Aconteceu algo parecido uns meses atrás, quando o pessoal da escolinha disse que colocava música e a Lucia dançava, coisa que não tínhamos visto em casa ainda. Falei para as berçaristas que aquilo era errado, que elas iam ver só, que escola não pode ser tão boa assim. Elas riram. Mas vão ver só.

No mundo da linguagem, ela fala "água", "papai", "mamãe", "bola", "dá", "Maria", "baby" e gato. Estranho só esse "baby", que a gente não usa em casa, exceto durante a gravidez, quando eu cantava *Superstar* e *Tree hugger*, da trilha do filme *Juno,* o tempo todo pra coitada da mãe dela. Lucia repete o que a gente fala em versões muito parecidas, mas ainda em total bebeês.

Em tempo, eu canto mal, falta-me aptidão para a música: até campainha desafina quando eu toco. A Lucia vai levar algum tempo pra se dar conta disso, então por mais um ano ou dois eu posso continuar cantando em segredo músicas do Leonard Cohen pra ela dormir.

Agora, se alguém descobrir vai ser a gota d'água pra me denunciarem ao tal conselho tutelar.

budismo moderno
Encruzilhada é terreno de Exu

Pedi ao gênio para viver cercado de mulheres, e o sacana realizou meu desejo. Estamos todos na sarjeta, mas alguns de nós olham para as estrelas. Isso até o cachorro vira-lata aparecer pra fazer xixi na gente. Nunca mais bebo esse negócio. Exu, sabemos, não é um demônio, e sim um tipo de mensageiro. Estranhamente, tudo que ele carrega são telegramas com as letras VTNC. Exu tem parceria com o gênio da garrafa, que está no mercado há milhares de anos e mesmo assim todo mundo acha que é mais esperto que ele.

— Sou um gênio, realizo desejos etc. Você tem direito a um desejo.

Nessa hora, crendo ser o único esperto do mundo, o sujeito tende a dizer: "Eu desejo ter três (ou 50, ou infinitos) desejos". Pronto, ferrou-se. Vai passar o resto da vida como um antibudista, escravo dos desejos, porque o gênio só realiza um.

Ou seja, na linguagem do gênio, o que você disse equivale a: "Por favor, realize o meu desejo de passar o resto da vida a desejar três, 50 ou infinitas coisas".

É, quanta coisa se esconde por trás de linhas finas. Aranhas, por exemplo. Advogados. Cocainômanos que rasparam o fundo da gaveta em busca de poeira. O inferno é uma vila na cidade do conto de não me lembro quem, onde vivem as criações literárias. E estão todos lá – o Lúcifer de Neil Gaiman, o Robot Devil de *Futurama* e centenas de Mefistófeles, o mais proeminente sendo o de Goethe. E, claro, os gênios da garrafa em geral. As pessoas precisam ter muito, mas muito, cuidado com o que pedem, seja ao demônio, ao gênio ou ao garçom do boteco ao lado, Bar e Lanches Terra Roxa.

No consultório do dr. Neural

"Ele veio do nada, mas se manteve fiel às suas origens." Foi um longo caminho entre ser um solteirão convicto e estar cercado de mulheres maravilhosas: a Ana, que é linda mesmo inchada como uma meia-lua depois de tirar o juízo e seu respectivo dente, a Maria, que mesmo fazendo birra é uma criança simplesmente adorável, e a Lucia, de quem vocês já devem ter ouvido falar.

Acho que parte da minha missão após ter sido agraciado com tais presentes de grego, digo, dádivas, é retribuir ao carma, dividindo o pouco que aprendi. Fico feliz em poder ajudar, mesmo com as pequenas coisas, como uma sugestão de mamadeira antirrefluxo aqui, uma segunda opinião sobre ultrassom ali, e outras dicas e conselhos para os quais não tenho qualificação alguma.

Então, por conta e risco dos perguntantes, está aberto o consultório do dr. Neural:

Queria uma dica sua. Nossa filha acabou de nascer e temos dois gatos. Estamos preocupadíssimos com a questão dos pelos. Por mais que limpemos tudo, sempre aparece, nas coisas dela, um pelo aqui, outro ali. Como vocês lidam com isso?

Oi, Rafael. Parabéns pela filhota!

A questão dos gatos é polêmica, e a todo momento surgem esquadrões antigato dizendo que eles vão atrapalhar a respiração do bebê, ensiná-lo a dançar macarena, causar doenças que existem e não existem, e que seu bebê pode acordar numa banheira cheia de gelo com um certificado de depósito em um banco da Nigéria no lugar dos rins.

O primeiro passo é reconhecer que é impossível se livrar de todos os pelos felinos e que, vira e mexe, a sua bebê vai ter um pelo (ou chumaço!) na boca. Eles flutuam, são difíceis de pegar e parece que os gatos soltam mais pelos depois da limpeza da casa, tipo "Ei, deu o maior trabalho pra deixar essa casa com a minha cara e você limpa tudo? Mas que falta de consideração! Droga, vou ter de começar de novo".

O que funcionou pra gente:

Rolos de papel adesivo, para roupas e móveis. É bom ter em casa, mas não duram muito, dado o suprimento infinito de pelos. No mínimo, a dica vale pras roupas pretas.

FURminator, um cruzamento entre barbeador, arado, ferro-velho e instrumento de tortura que é uma maravilha; cada vez que uso parece que dá pra fazer um gato novo com os pelos que sobram. Os meus gatos detestam, mas diz o fabricante que alguns curtem.

Os gatos ficam proibidos de entrar no quarto do bebê, sob o risco de levarem um spray de água na fuça.

Mas tem de ser assim. Espirrar água na cara do bebê, passar FURminator na roupa da esposa e rolo adesivo nos gatos só vai te trazer vários inimigos.

Em tempo, eu sou bem alérgico e até agora a Lucia não deu nenhum sinal de alergia[55]. Pode ser coincidência, algum tipo de

---

55. Ó, céus, como eu estava errado!

imunização ou talvez ela seja na realidade filha do padeiro. Mas como diria nosso confrade do blog Paiéquemcria, pai é... alguma coisa... esqueci?

E, mais importante de tudo, jamais, jamais mesmo, dê seu cartão de crédito aos gatos, nem deixe eles usarem a internet, mesmo que eles peçam com cara de gatinho do *Shrek*. O mesmo deveria valer para todos os outros membros da família, mas experimente propor isso e você vai dormir na caixinha de areia.

Se um bebê cai no meio da floresta, onde não tem ninguém, ele faz algum som?

Ninguém sabe o que os bebês fazem quando estão sozinhos. É provável que eles existam simultaneamente em diferentes estados – por exemplo, dormindo e acordados ao mesmo tempo, lembrando o gato de Schrödinger. Na presença do observador, o bebê-onda de infinitas possibilidades colapsa em uma específica. Tentei filmar a Lucia em segredo, mas ela logo percebeu a câmera e, como um elétron safado, deduziu que a brincadeira era de esconder, logo entrando no jogo.

Ela aparece de toalha branca na cabeça, o que me lembra da vez em que, quando criança, eu pus uma colcha branca na cabeça, estilo fantasma, e fui acordar meu irmão dois anos mais novo. Eu dizia "UUUUUU", e nada de o pobre menino acordar. Comecei a chacoalhá-lo enquanto fazia sons assustadores. No que ele acordou, deu um imenso berro e correu literalmente por cima de mim em direção ao quarto dos meus pais, que de lá emergiram com a fúria do sono perdido e a indignação provocada pelo meu trote atroz. Acho que levei chineladas suficientes pra fazer meu traseiro brilhar no escuro. Esses pais não perceberam o benefício em longo prazo: meu irmão não se assusta mais com nada.

nublado
Era segunda e chovia cicuta

Não sou fã de segundas, e nesta acordei antes das seis, de ressaca e sem saber direito onde estava. Peguei a Lucia, naveguei entre os destroços do feriado, coloquei-a no cercado e fui preparar a mamadeira, torcendo pra ter alguma limpa e não precisar lavar nada antes de o sol nascer. Enquanto isso, ela berrava sem parar, possivelmente acordando toda a vizinhança, já que, só percebi depois, todas as janelas da sala estavam abertas. Dei a mamadeira pra ela, que teve a bondade de dormir meia horinha depois de alimentada. Já eu não consegui dormir de novo e fiquei remoendo meus pensamentos segunda-feirísticos, temperados de sono e mau humor. Ela levantou toda falante, querendo interagir. Apoiei os braços no cercadinho e comecei a conversar com ela. Perguntei: "Cadê o gato?", e ela apontou o dedo pro gato – sempre morro de orgulho quando isso acontece. Lucia pegou minhas mãos e bateu palma com elas, depois tapou meus olhos e destampou-os, brincando de esconder. Então, pôs minhas mãos em suas enormes bochechas e metralhou o pai com rajadas de sorrisos e risadas, dizendo "Aaaahhhhh". Acabei me rendendo e meu dia ficou pelo menos 30% menos nublado. Quando mamãe levantou, eu já era praticamente outra pessoa, capaz inclusive de dar bom-dia.

folgadinha

Isso já não é salto quântico, e sim a Lucia do futuro sub-repticiamente transportada para o hoje

Tudo bem que ela cresce enquanto dorme, cresce enquanto eu durmo e, aparentemente, também cresce enquanto todos os chineses e indianos do mundo dormem.

Coloco um *Bebê mais* para ela assistir, aparece o macaquinho da abertura e ela grita de felicidade. Ponto para o produto nacional, já que ela é bem blasé quanto ao *Baby Einstein*. A língua pra fora, asseguro, não é uma homenagem ao decomposto físico.

Lucia fica uns minutos em pé na frente da TV, depois vem pro pufe onde estou e escala até sentar no meu colo; recosta-se em mim e fica assistindo entretida, apontando pra tela às vezes. Levanto pra recarregar meu vinho, deixo-a no pufe e, quando volto, o lugar já é dela, que passa o resto do DVD toda refestelada, dando risada e batendo palmas pro macaco.

Olho pra ela e mal me conformo: cadê aquela menininha que cabia no meu antebraço?

Puxa, ela acabou de nascer quase. Dois anos atrás, ela era um espermatozoide aqui e um óvulo ali. Como duas microcoisinhas assim se encontram e em tão pouco tempo, além de sentar que nem gente, roubam meu pufe e ainda mandam em mim?

As insuperáveis proezas da Aranha-Maravilha, a bebê que foi mordida por uma amazona radiativa

Com o melhor dos dois mundos: ela é a amiga da vizinhança, adepta da não violência proposital – porque sem querer já deu cada bifa por aí, inclusive uma bofetada na bochecha inchada de extração de dente da mamãe, uma cabeçada no olho do papai, que ficou uma semana parecendo ter um terçol, e um arranhão na parte de dentro da pálpebra da irmã mais velha, que correu pela casa em cômico desespero gritando "A Lucia me atacou! A Lucia me atacou!" –, solta fios de baba como se fossem teias de aranha, sobe em tudo e pelas paredes e se pendura nas coisas. Eu poderia jurar que ela tem um avião invisível em algum lugar, mas jamais fui capaz de encontrá-lo.

sonolento
O macaco com uma mão no traseiro

Em uma cena rara, captada pelo cinegrafista amador Lobo da Jangada, mais um momento da vida selvagem de Lucia, papai e Macaquinho. Basicamente, Lucia quer a cadeira dela de volta, papai encarna o pequeno símio de pelúcia – fantoches têm essa vida desconfortável com um proctologista sempre presente para animá-los, literalmente – e na hora ninguém se dá conta de que falar com criança usando voz de falsete, mesmo dublando um macaquinho e mesmo sabendo que criança reage melhor a vozes mais agudas, pode gerar imensa vergonha quando o ato é registrado. Mas pior mesmo é quando o sujeito passa tanto tempo falando assim que, quando o telefone toca, ele atende com essa vozinha ridícula, sendo que a única saída honrosa é trocar a voz e dizer: "Me dá esse telefone aqui! Alô? Como assim? Não, claro que não era eu não, chefe".

pigmeus epiléticos

O fantasma do avestruz mágico, a origem de certas piadas, exoesqueletos como matrioskas e o livro que rebobina

Lucia agora é um bebê-que-anda. Esses hífenes[56] [57] são uma referência que só velhos pegam, de um tempo em que super--heróis não tinham vergonha de usar collant roxo e de ter serventes coloniais. Na verdade eu não sou tão, digamos, vintage a ponto de ter lido quadrinhos de jornal do Tarzan, do Mandrake e do Fantasma (o tal roxo espírito-que-anda, que era vermelho no Brasil para economizar na gráfica), mas meus tios de Curitiba tinham coleções grandes e quando eu os visitava lia tudo menos *Tex*.

Fiz um vídeo em que não sabemos se a Lucia está aprendendo com o avestruz a resolver seus problemas[58], tentando dar cambalhota ou fazendo ioga. O típico vídeo tremido, com desnecessários zooms no gato e um trabalho de câmera digno de pigmeus bêbados epiléticos. Assistindo ao vídeo e lutando contra o enjoo, a cena me lembrou algo, mas eu não sabia bem o quê. Então, como mágica pendurada em um cipó, a lembrança me atingiu com o impacto de um anel de caveira.

---

56. Nota da editora: meu Senhor amado, essa é uma das formas de escrever o plural de hífen.

57. Juro que queria "hífens"; quando o correto é feio, opto pelo erro que soa bem sem pensar duas vezes.

58. Na verdade, essa história do avestruz é uma lenda urbana.

Eu tinha me mudado havia poucos meses para Nova York, onde morei por três anos. Uma amiga de mestrado convidou alunos de várias religiões para um almoço na casa dela, seguido de festividades. A ocasião era uma celebração judaica de que eu nunca tinha ouvido falar, chamada Simchat Torá. Como uma fita de máquina de escrever ou um rolo de filme antigo, a Torá, livro sagrado dos judeus, precisa ser rebobinada quando chega ao final, e a festa contempla isso. Fomos para uma sinagoga que, em horários alternados, é também uma igreja. Inacreditável. Só em Nova York, com aqueles aluguéis caríssimos, o padre e o rabino são colegas de sacristia. Eu havia descoberto o lugar onde nascem as piadas, só faltava eles terem um amigo pastor[59] e um papagaio de estimação.

A "sinagreja" era antiga, muito bonita, e estava todo mundo na rua, homens, mulheres, velhos e crianças, dançando animadamente de braços dados, fazendo longas filas dançantes que iam pra lá e pra cá em diversos círculos, lai, lai, lai, hai, hai, hai. Me diverti horrores pulando que nem um louco, dançando cancã, mas depois desconfiei que as outras pessoas soubessem o que estavam fazendo e que houvesse mesmo passos apropriados. Atraído pela possibilidade de me dar bem, afinal estava solteiro e solitário em uma terra estranha, acompanhei uma amiga, no trem, até o ponto dela. Não deu em nada, ela desceu e acabou casando com o filho do premiê de Israel. As mulheres me largam por cada roubada!

---

59. O padre, o rabino e o pastor estão conversando sobre como dividem o dinheiro da coleta. O padre diz: "Faço um círculo no chão e jogo o dinheiro pra cima: o que cair dentro do círculo é pra Deus, o que cair fora é pra mim". O rabino diz: "Faço igual, mas o que cai dentro do círculo é pra mim e o que cai fora é pra Deus". O pastor então diz: "Faço quase igual: jogo todo o dinheiro pra cima e o que Deus pegar é dele".

Certo dia, estou eu sentado nos degraus perto de Washington Square, onde dividia um microestúdio com um estranho estudante polonês de psicologia, e passa por mim uma turba de judeus ortodoxos, todos muito jovens. Dois deles dão meia-volta e vêm falar comigo. Perguntam se sou judeu. Explico que sou ateu convicto, mas fora isso, pra outros efeitos, sim, pai e mãe. Dizem que estão indo a uma festa, uma festa legal, a gente vai se divertir. Sem nada melhor pra fazer acabo acompanhando-os rumo ao Brooklyn.

Depois de passar pela quarta estação de metrô sem entrar, atravessando a pé a ponte que liga Manhattan ao Brooklyn, indaguei qual trem eles queriam pegar. Eles me informaram, casualmente, que não pegavam metrô aos sábados e que a gente ia a pé mesmo. E que era perto! Eu não sabia, mas teríamos pelo menos mais quatro horas de caminhada depois disso para vencer as dezenas de gigantescos quarteirões que ainda nos separavam da festa.

O caminho até que foi interessante. Me emprestaram um chapéu preto porque tinham vergonha da minha cabeça descoberta. Fiquei com ele porque me sentia o Bono Vox. Conversei com algumas mocinhas interessantes e logo fizeram um cordão de isolamento entre mim e elas, como se pudessem ser corrompidas por minha mera presença. Não seria impossível, já que tentei mesmo argumentar com eles sobre o absurdo de tudo aquilo. A tentativa de debater religião com religiosos atesta que eu ainda era muito ingênuo. Eles jamais abririam mão de crer no seu Papai Noel de preto particular, o rebe.

Horas depois, quando chegamos à tal sinagoga do Brooklyn, a festa estava no final. Era a maior concentração de judeus bêbados que já vi, todos com o tradicional traje preto hassídico e muito alegres. As mulheres ficavam em alguma outra parte no andar de cima, fazendo ninguém sabe o quê[60].

Todo mundo vinha conversar comigo, me senti o próprio Messias, havia certa reverência e diziam que eu era "aquele que retorna", que andei tanto e estava lá por alguma razão maior[61]. As crianças vinham se encostar em mim e queriam ficar por perto. O tempo todo alguém colocava um chapéu na minha cabeça (o anterior foi recuperado pelo Bono, digo, dono) e me arrastava para o salão, onde tinha um monte de lai, lai, lai, hai, hai, hai e um velhinho em cima da mesa distribuindo bebida ao pessoal que ficava em volta dançando algo que definitivamente não era cancã, com crianças nos ombros, possivelmente bêbadas também. Eu ia junto, mas não conseguia beber quase nada. Me ofereceram emprego, lugar pra ficar e, embora isso não tenha sido dito, estou certo de que alguém ia oferecer a filha em casamento cedo ou tarde. Uns adolescentes me chamaram num canto dizendo que tinham vodca e não tinham nenhuma, ficaram é me enchendo de perguntas[62].

---

60. Pra mim, essa história de andar de cima para mulheres é uma burca em forma de arquitetura, e as perucas que elas têm de usar são burcas em forma de cabelo.

61. Me contive pra não dizer "vodca grátis".

62. Imagino que um tenha largado o judaísmo pra se dedicar ao death metal, outro deve ter sido trancado no porão pra isso não se repetir e o terceiro deve ter casado com a moça que iam me oferecer em algum momento.

Vi um velhinho dando cambalhotas no chão como uma criança. E outro, e mais outro. Pensei: "Gostam mesmo da branquinha ou, nesse carnaval judaico, este aqui é o bloco da esclerose". Devem ter notado minha expressão, pois vieram me explicar: "Hoje é um dia em que os pés são mais importantes que a cabeça e que dançar é mais importante que rezar". Aprendi depois que a festa também se refere ao eterno ciclo de renovação – coisa quase budista ou taoísta; mesmo a mais enrugada bisavó já foi uma menina serelepe e sedutora[63].

Esboçando suas cambalhotas, a Lucia me lembrou de tudo isso. Ao se tornar um bebê-que-anda, ela deixou pra trás o bebê-que-engatinha, que deixou pra trás o bebê-que-cabia-certinho-no-meu-antebraço. E é com estranha saudade que olho pra todas essas Lucias que emergem de si mesmas como cigarras, e com que felicidade vi a ecdise de cada Lucia ao se tornar maior, mais esperta e mais interativa, segurando aquela curiosidade de quem quer espiar os próximos capítulos do livro.

---

63. Às vezes temos a impressão de que nossos avós já nascem velhinhos.

o mito decisivo
O velho fauno: bengalada pra todo mundo

cordei no meu aniversário um passo mais próximo de ser o velho caduco que bate nas pessoas com a bengala, no ápice da curva da decadência, com todo o vigor da velhice e a sabedoria da juventude, verdadeiro cuspidor de frases estranhas e clichês distorcidos. É uma montanha-russa, ora despencando ladeira abaixo, ora rolando a pedra montanha acima. Sísifo sifu. Mas fazia sol aqui no outono da minha vida, minhas meninas estavam todas lindas cantando parabéns enquanto eu dormia, e acho cada nova década melhor que a anterior.

Focinho de porco não é tomada, mas ambos são perigosos para uma menina tão pequena

Todo mundo acha que a Lucia é sempre um docinho sorridente de bom humor fulgurante, distribuindo paciência e doçura. Isso é só parte da história. Quando contrariada, demonstra sonoramente sua insatisfação, como quando ela entende o "não" de "não ponha o dedo na tomada".

Há quem diga que, deixando de lado o risco de vida, depois do primeiro choque a criança aprende. As chances de isso funcionar são muito pequenas. Minha mãe conta que na infância eu punha o dedo na tomada, levava o maior choque e vinha chorando com o dedo duro. Ganhava um beijinho e depois corria de volta pra tomada. Talvez por causa de todos esses choques eu tenha ficado assim.

No teatrinho temos dois fantoches, Mothra[64] e um macaquinho que meu irmão trouxe de São Francisco, que nas mãos certas parece vivo. O nosso Mothra é um coelhinho que a Maria, como boa irmã mais velha, deu pra pequena Lucia. Eu cantava a música do coelhinho[65] e fazia o boneco acompanhar. Ela

---

64. Pronuncia-se "mofra"; o original lutou com Godzilla em Tóquio e era uma mariposa-borboleta gigante.

65. "De olhos vermelhos, de pelo branquinho...", e não "Looooelhinho, se eu fosse como tu...".

nunca deu muita bola. Até o dia que eu coloquei o nariz do coelho pra dentro, achei que ele tinha ficado com cara de simpático monstro e, fazendo voz de filme de terror, fiquei dizendo "Mothra, Mothraaaaa"; ela adorou.

Ela pega ambos os fantoches, põe a mão dentro e fica brincando. E eu penso "Não, é coincidência, ela é muito pequena pra saber o que está fazendo. Mas será?" De qualquer maneira, ela teve uma ingrata surpresa ao arrancar o Mothra e descobrir meu pé dentro dele[66], tanto que ela tentou imediatamente colocá-lo de volta na patorra de onde ele veio.

---

66. Colocar os fantoches nos pés é um jeito ótimo de deixar as mãos livres pra segurar a criança no colo.

porta aberta

Um breve descuido e uma cena que só não foi mais bonitinha pelo imenso potencial de tragédia agregado

Mais exploradora e aventureira que nunca, a pequena Lucia quer engolir o mundo todo de uma vez, com seus sabores, sensações e lugares altos. Um dia ela estava tentando fechar uma dessas travinhas de segurança do carrinho e conseguiu, mas prendeu o dedo e saiu até sangue. Chorou por quinze segundos, magoada. No minuto seguinte estava tentando fechar a travinha de novo. Esse é o perfil dela.

Aconteceu que, certa tarde, eu estava instalando um portãozinho de segurança entre a sala e a cozinha. A empregada estava na área de serviço. As portas dos quartos estavam todas fechadas. Ou pelo menos estavam antes de a empregada passar por elas. Enquanto estou lutando com o portão, a Lucia fica assistindo, divertida. Nem trinta segundos depois – portão um, Renato zero –, ouço um chorinho e noto que a Lucia não está mais assistindo. Pânico.

No quarto da Maria tem uma espécie de beliche, com um escorregador muito, muito íngreme. E não é que a pequena estava lá no alto, sentada, virada pra frente e prontinha pra descer?! Ainda bem que antes de cometer esse ato de loucura[67] ela percebeu o perigo,

---

67. Esse segundo ato de loucura; o primeiro foi subir lá.

ficou com um pouco de medo e soltou o tal chorinho. Na hora, me deu uma sensação gelada de parada cardíaca e minha fértil imaginação em segundos percorreu todas as inúmeras possibilidades de acidentes catastróficos. E se ela cai ali de cima? Meu Deus, que medo, quantas tragédias em potencial. Mesmo que ela tivesse simplesmente escorregado normalmente, poderia acabar se machucando. Eu preferia nem imaginar, mas não consigo. Tirei ela dali como quem tira um bife de um viveiro de tigres famintos.

Aliens pulsando sob a pele

As pequenas picadas de borrachudo que a Lucia levou na praia, apesar do uso de repelente, não apenas não foram embora como cresceram. Depois que voltamos pra casa, a pele em volta delas começou a ficar dura e com feridas. Duas picadas que eram próximas, parecendo uma mordida de vampiro, se uniram em um único platô. De uma picada na cintura surgiu uma mancha vermelha indo tórax acima. É de doer o coração. E, quando você olha de perto, os machucados ficam mudando de cor de acordo com a pulsação, vermelho e branco, vermelho e branco.

O ponto positivo é que, com isso, consegui descobrir o verdadeiro pai da Lucia, de quem ela herdou seus poderes de camuflagem e a pele de pixel: uma sépia! São cefalópodes impressionantes, que usam a camuflagem não só para se esconder como pra hipnotizar camarões antes de atacá-los.

O pediatra examinou e sugeriu que um dermatologista desse uma olhada, por segurança. De resto, a Lucia está ótima, dentro das curvas normais de crescimento e desenvolvimento.

Tenho minha vingança pronta: na próxima viagem, em vez de estapear esses estapafúrdios insetos, vou espirrar repelente neles, que não vão morrer, mas passarão o resto da sua curta vida como párias, repelindo seus parentes, amigos e morrendo na maior solidão.

O que as crianças fazem se você não impedir?

zona

Para tentar encontrar uma resposta à velha dúvida "O que fazem os bebês se você deixar?", fui ver o que a Lucia aprontaria na cozinha, já que ela estava insistindo pra que eu abrisse o portãozinho e a deixasse entrar. E o que fez a molécula?

Lucia foi até a vasilha de comida de gato, tirou um elástico e um pedaço de papel-alumínio que estavam lá e os colocou na minha mão[68]. Depois, pegou um grão de ração e tentou dar pro Lacan, o gato, que fugiu sem pestanejar. Se ela tivesse tentado dar um pedaço de presunto teria tido mais sucesso. Em seguida, pegou um punhado de ração, mais do que cabia na mão, e caiu tudo no chão. Ela olhou pra bagunça e catou um por um, colocando os grãos de volta na vasilha. Olhou bem, pegou mais um punhado, foi atrás do gato, deixou cair tudo no chão de novo, achou que dessa vez tudo bem e saiu correndo atrás do felino, deixando a bagunça pro papai, pra variar.

---

68. Por alguma razão, sempre aparecem objetos lá. O Mao Tsé-tung é louco por elásticos de cabelo e rouba-os de onde for pra colocar na vasilha.

Um texto que eu jamais gostaria de escrever: a primeira doença razoavelmente grave da Lucia

Passamos aquelas férias deliciosas na praia, onde também se encontravam miríades de insetos sugadores de sangue, que por sua vez não estavam mesmo de férias. No ano passado, as picadas de mosquito na Lucia formaram bolinhas vermelhas que demoraram a sumir, mas enfim sumiram. As picadas deste ano seguiram o mesmo rumo, porém sem desaparecer. Quando voltamos pra casa elas começaram a piorar, apareceram pontinhos de pus, as bordas endureceram e formaram os tais platôs.

Nosso excelente veterinário, digo, pediatra, sugeriu, após consulta telefônica, um creme antibiótico. Se ele abrisse um serviço de 0300, seria um homem rico. O problema melhorou, mas não sumiu, então levamos a Lucia pra ele examinar. Ele achou, por via das dúvidas (de novo), que seria melhor um dermatologista olhar também[69].

A essas alturas, a mais feia das lesões, a do tornozelo, parecia aquelas coisas que aparecem em perna de mendigo quando a perna aparece por debaixo do cobertor sujo. Fomos ao dermatologista e, como se fosse um episódio de *Dr. House*, seguiu-se um diagnóstico diferencial, sobrando duas opções:

---

69. Segunda opinião é assim: a pessoa vai ao médico e ele diz "Você tem lúpus"; o paciente diz que quer uma segunda opinião; o médico então metralha: "Você também se veste mal".

» **Ectima:** os bebês nascem desregulados, alguns com imunidade de menos e outros com imunidade demais. A Lucia seria esse segundo tipo, e sua superimunidade-wolverine desregulada teria criado uma lesão que deixou a pele vulnerável a estreptococos que residem na própria pele e infectam ao coçar. Coçar ainda serve para semear a infecção em outras partes da pele, o que provoca novas lesões. Tratamento com pomada corticoide e antibiótico local.

» **Leishmaniose:** quase surtei na hora achando que pudesse ser algo ainda pior, como lepra, mas era somente a horrível e temida "úlcera de Bauru", descoberta quando da construção da estrada de ferro pelas matas dessa cidade do interior de São Paulo, onde vivia o causador dessa porcaria. Pra saber se era isso, teríamos de fazer uma biópsia. Biópsia, pra quem não sabe, é arrancar um pedaço vivo de você, levar pra um laboratório e criar um exército de clones, ou algo assim.

Então, na linha Dr. House de tratamento, resolvemos escolher a doença com tratamento mais suave e ver se funcionava. Disse o médico algo parecido com: "Imagina se a gente faz a biópsia, sendo necessário dopar o bebê, amarrar o bebê, cortar fora um pedacinho de bebê (sem anestesia local, ao que parece) e traumatizar pra sempre o bebê só pra descobrir que poderia ter curado com creminho?"

O lado bom é que ambas são curáveis. Tem uma pequena chance de deixar marca, mas, como as lesões não são profundas, pode não deixar nada ou algo quase imperceptível. Já estamos tratando com creminho e os machucados regrediram consideravelmente. A pequena está ótima, bem-humorada, testando seu giz de cera no armário da sala e na TV de LCD, e a lesão mais incômoda é no pobre coração de seus pais.

centopeia
Lucia, o pequeno saci

stou neste exato momento, hora da janta, com um bebê que se recusa a sentar pra jantar. Em vez disso, ela abre gavetas, tira os DVDs de dentro delas, tira os discos de dentro das caixinhas e põe os discos de volta na caixa, mas na caixa errada. Pra achar o *Bebê mais* precisamos procurar dentro de *Dead man*, pra achar *Barbie e o Mundo das Quengas*, ou algo parecido, temos de procurar na caixinha do *La jetée*, e assim vai.

Basicamente, a Lucia é um saci-pererê, mas um saci de duas pernas, primo menos famoso e mais arteiro que o original. Ela riscou a TV de novo com giz de cera, bem como o chão e o armário. Ganhou duas cadeirinhas e uma mesa de plástico, e o que ela faz com elas? Primeiro, ela senta na cadeira, toda feliz. Depois, põe a cadeira em cima da mesa e tenta colocar a outra cadeira também, ficando frustrada por não caberem ambas ali em cima. Em seguida vira a mesa ao contrário e senta nela. Então, arrasta a cadeira pela casa e a coloca ao lado da grade-portãozinho que instalei na cozinha – estou certo de que pra pular, ela odeia impedimentos de qualquer espécie. Eu digo: "Nem pense nisso, Lucia", e ela arrasta a cadeira de volta pela casa, mas estou certo de que ainda pensa nisso. Apavora o pobre Mao Tsé, que está na poltrona, escondido debaixo da colcha, e pula de lá em pânico, caindo dentro da caixa onde vieram as cadeiras. Lucia fica batendo na caixa e gritando, ele rosna pra ela muito severamente – e é difícil tirar esse gato do sério.

A bagunça é generalizada, a casa parece o Haiti depois do terremoto. Ela traz uma, duas, três bonecas e coloca-as no meu colo, põe minhas mãos nas suas bochechas e me dá um beijo no nariz. Eu sento pra escrever e agora sim ela quer jantar. Se recusa a comer. Fica pedindo a colher. Dou a colher, ela pede o prato. Dou o prato e, em minutos, o cabelo dela já comeu várias colheradas. Se eu pego a colher e dou na boca, ela cospe. Sozinha, enche a boca de colheradas vazias e faz a alegria do outro gato, o Lacan, que espreita pedaços de carne caídos. Pega comida com a mão e arremessa por aí, inclusive em mim, que não gosto nada disso. Depois, bate na comida que caiu na mesa, a qual respinga no meu olho. Great. Mas a cara de alegria da pequena saci compensa toda essa imensa sujeira no chão, mesa, paredes e gato, sujeira que vou tentar ignorar até a vinda da empregada amanhã. De resto, banho pra todo mundo, menos pro gato, que se vira.

Lucia e seus primeiros pretendentes no BBB

Vida de pai de menina não é só alegria, como podemos ilustrar na nova edição do BBB – Big Baby Berçário. Da última vez que tocamos nesse assunto, tínhamos três grandes competidores: Davi, o primeiro amigo da Lucia; Pedro, o que é simpático com o sogro; e Lucas, o bonitão silencioso.

Após inúmeros palpites e votos nesse, naquele ou, mais frequentemente, "todos" ou "nenhum e sim meu filho, vou mandar uma foto", as pessoas ficaram curiosas perguntando no que deu isso tudo – perguntas que respondi com a maior educação, sempre na linha "que as pulgas de mil cães vira-latas infestem os seus sovacos" e outras maldições. Gosto de maldições, uma coisa anacronicamente charmosa, ofensiva, mas não o bastante pra me esperarem na porta de casa com um pau cheio de pregos na mão.

Certo dia, chegando ao berçário, perguntei como foi o dia da pequena à berçarista, que, pra minha enorme surpresa, teve a imprudência de responder: "Foi ótimo, ela comeu bem, foi ao solário e encheu o Luquinhas de beijos o dia inteiro, maior beijação".

Bom, o Davi está de férias e não tem aparecido no berçário. Velhos, vocês conhecem o ditado, "foi pra Portugal..." O Pedrinho[70],

---

70. O Pedrinho recebe a Lucia na porta do berçário até hoje, com a maior alegria.

apesar de recuperado do franken-galo na testa, pode ter perdido o timing. E o Lucas, com seu ar introspectivo, profundo e filosófico, poderia ser o vencedor se parasse de pensar um pouco.

E o prêmio deste BBB é nada menos que um alistamento involuntário na Legião Estrangeira. Au revoir, Luquinhas! Não se esqueça de escrever!

tatuís parrudos

Haveria piolhos na cabeça de bebês gigantes que vivem sobre o pé de feijão?

Tendo ninjisticamente se esgueirado para dentro do gigantesco berçário nas nuvens, localizado à Estrada do Pé de Feijão, sem número, fundos, Lucia efetuou um minucioso exame no dourado couro cabeludo da grande Ana Elisa e afirmou o seguinte: "Não há nada aqui neste berçário, onde o acesso é deveras difícil, eu digo. Cheira a lavanda. Olho tudo com meus próprios dedos. Só falta remexer este couro cabeludo aqui. Parece ok, tem... somente essas saliências grandes... essas... Oh, meu Deus, elas se mexem! São do tamanho de tatuís parrudos, com aparência vilanesca, como se fossem fritopans com patas. E babam! Eles... Meu Deus, eles nos viram, eles nos viram, corravamoaaaaaaaaarghhhhh aaaaaaargh aaaa".

Tudo foi relatado pela própria Lucia, de forma que é bem possível que haja aí alguma dose de exagero dramático, estando a prole dos gigantes saudável como um pé de feijão, como costumam dizer suas colossais avós[71].

---

71. A Ana Elisa não é gigante, não tem piolhos, convencionais ou assassinos, é uma linda e é parceirona da Lucia nas aventuras de berçário.

Lucia expulsa do berçário, pai impedido de entrar na escola

Começou assim: me entregaram um pacotão com as coisas da Lucia – lençóis, cobertores, protetores de berço. "A Lucia não frequenta mais esse berçário." Ela foi definitivamente promovida pro G1! Agora ela almoça com as crianças do G1 e do G2 no refeitório, faz um monte de atividades, dorme junto com todo mundo na soneca da tarde e eu não posso mais entrar na escola.

Ainda lembro, eu saía do berçário olhando aqueles pais de crianças mais velhas esperando na porta e passava por eles com ar de superioridade, como alguém que tem livre acesso à escola devido aos privilégios de pai de bebê. Hoje o segurança da escola posicionou seu corpo de maneira que sugeria que eu não desse outro passo pra dentro, sem precisar me dar uma chave de pescoço ou mesmo dizer qualquer coisa. Ele é um gentleman e eu entendi na hora: agora sou um daqueles pais.

Chegamos em casa, tirei-a do carro e por alguma razão ela estava dando risada. Em vez de levá-la no colo, como todos os dias, olhei pra ela e disse: "G1, é?" E fomos andando de mãos dadas para casa. Antes de jantar, fomos passear no térreo, ela subiu e desceu escadas com segurança, exceto no último degrau, em que faltou chão e ela foi de testa, ganhando seu primeiro galo.

Isso tudo está rápido demais pra mim. Quantas vezes você pode ser atropelado pelo mesmo carro? Parece que, se o motorista for o tempo, muitas.

Coisas que passam pela cabeça de um bebê elétrico

"O que esse recibo tá fazendo no chão? Lugar de recibo não é no chão, vou guardar nessa cadeira aqui. Pensando bem, melhor não, vou guardar no meu cercadinho mesmo. Ou jogar no chão, *que seja*. E essa bolsa verde de nenê? Ninguém merece. Alou! Já tenho 1 ano e 4 meses. Vou é tirar minha roupa daqui dessa bolsa. Oh, uma fralda, eu sei pra que isso serve. Vou colocar. Ah, já estou com uma. Então vou guardar em uma mala mais adequada para meninas da minha idade. E esse gato vendo tudo? Essa mala cai muito, vou achar outro lugar pra colocar essa fralda. Um lápis de cera! Vou rabiscar a porta. Que gosto de cera. OI, PAPAI! Um beijo pra você. Vou rabiscar seu celular. Um gato, um gato! Beijo pro gato. Lacan, não fuja dos meus beijos! Ai, como eu gosto dessa fralda, vou fingir que é um ursinho. Quem foi o folgado que deixou essa roupa aqui? Que bonita, vou vestir. Ou bater em você com ela, papai, que me pôs o vestido de bolinhas em vez dela. Ah, entendi, essa roupa não foi girada o bastante, vamos resolver isso. Gira, roupa! Olha, acabou a música. Era *Electricityscape*, dos Strokes, que você tem ouvido que nem um obsessivo, né, papai? Tchau."

superfofos

Mothra e Macaquinho: me desculpem, seu destino não está mais em minhas mãos nem em meus pés

Ficam aí dizendo que a Lucia está independente. Depois ela acredita e não quer mais nem brincar de "Lucia, Mothra e Macaquinho". Agora ela arranca os pobres das minhas mãos ou dos meus pés, controla os próprios fantoches e desenvolve complexas e inacessíveis micro-histórias com eles, como se não bastasse puxar as cordinhas invisíveis de suas marionetes preferidas, os pais. Só consegui recuperá-los porque, como uma boa portadora de cromossomos duplo X, ela largou tudo pra ver uma roupinha.

Ou isso ou ela vai ser veterinária, especializada em inseminação artificial. O processo, sabemos, é bem parecido, só que os fantoches não fazem escândalo.

lágrimas
Tem pai que chora por cada coisa...

Uns choram após ter o braço arrancado por tigres selvagens, usar pimenta habanero como supositório, porque o time perdeu, porque o time ganhou e outras asneiras.

Eu choro de ver minha bebezinha pequena, que cabia no meu antebraço, andando sozinha com sua mochila de rodinhas rumo à escola.

teto baixo
Sobre o não uso da descarga, jogar o bebê no teto e outras questões

G anhei de presente um livro muito legal, de perguntas e respostas sobre o primeiro ano dos bebês, escrito por um pediatra com base em questões de consultório.

Agradeci o presente apesar de o título sugerir um timing pouco feliz, afinal a Lucia está pra lá dos 17 meses. Curioso que sou, devorador não só de bula de remédio como de manual de instruções, li o livro todo e descobri que teria sido realmente útil, mas algumas dicas ainda valem pra minha pequena (e seus pais).

Olha só algumas coisas que eu descobri (aviso: as frases não são aspas do dr. Sylvio, tudo foi porcamente reinterpretado pelo irresponsável e infame dr. Neural):

Posso dar a descarga ou devo evitar pra não acordar o bebê?
— Deve dar a descarga.

Em resumo, a criança precisa se acostumar aos barulhos normais da casa e do mundo. Não é pra gritar, claro, mas também não precisa sussurrar. Não precisa desligar a TV, só baixar um pouco. Não precisa amordaçar o cachorro, coitado, nem os vizinhos. E pode dar a descarga.

Agora que ele me diz?

Posso jogar o bebê pra cima, desde que eu o pegue de volta?

— O bebê ri e gosta de movimentos bruscos, mas convém evitar acidentes.

Ou seja, a princípio tudo bem fazer essa brincadeira que nós pais adoramos e as mães detestam. Tem de tomar cuidado com teto baixo, ventilador ligado e com amigos mãos-furadas que podem derrubar o bebê e causar traumatismo craniano. Eu só confio em mim, apesar de ser o maior mão de manteiga, e não deixo mais ninguém fazer isso.

Traumatismo craniano: o bebê bateu a cabeça. Devo entrar em pânico, não deixar ele dormir etc.?

— Existem traumatismos leves, médios e moderados. O leve, em geral, é de quedas menores que um metro. Se não afundou o crânio, não desmaiou, não vomitou e não alterou o sono, está tudo provavelmente bem. Caso contrário, pode se preocupar, sim.

Eu falei pro bebê não mexer no fio elétrico e ele mexeu de novo, o maldito está fazendo birra!

— Não é birra, é experimentação.

Os bebês são seres literais, como suas irmãs de 8 anos. Quando você diz pra não colocar a mão no fio, o bebê entende que não pode pôr a mão *esquerda* no fio, *naquela* posição. Mas e a mão direita? E em outra posição? Enfim, o bichinho vai testando limites, assim como sua irmã testa paciências.

O que me lembra do método Homer Simpson de segurança doméstica: pintar coelhinhos em volta da tomada.

— Mas a Maggie não tem medo de coelhinhos, diz a Marge.

— Ah, mas vai ter!, diz o Homer.

Também gostei de alguns bastidores de consultório e manhas para enganar as pestes.

Ele contou de um moleque que não comia comida caseira de jeito nenhum, só papinha pronta. Aí ele sugeriu pra mãe colocar a comida caseira no vidrinho da papinha, tampar e depois tirar do armário na frente dele. E o guri comia com a maior felicidade do mundo.

Nos meus tempos de solteiro era o contrário, eu comprava pronto e assumia a autoria.

Nada mais de perna de mendigo, aliás, esqueçam qualquer menção a esse assunto

Último retorno ao dermatologista: nenhum sinal daqueles horríveis ectimas.

Na sala de espera, Lucia foi recebida por alguns residentes do consultório, como Pablo, dos *Backyardigans*, e, sei lá, Monocelha[72], da *Vila Sésamo*, arremessados ao chão depois que cantei suas respectivas músicas (provavelmente uma coincidência).

No cine-sala de espera passava *O mágico de Oz* antigo, e a Lucia se comoveu com o destino do Totó, que seria levado pela bruxa da bicicleta.

O incrível é que ela sempre chora quando vê esse dermatologista no consultório. Não chora ao encontrá-lo fora do consultório e não chora sozinha na sala dele, mas é só ele entrar na sala de exames e ela castiga-nos os tímpanos. Vai saber. Acho que não estamos mais no Kansas.

---

72. Bert, ou Beto, não o assaltante.

ah, a tal tpm
Inverno vermelho
(ou uma semana em Hades)

Todo mês as mulheres passam uma semana em Hades. Enquanto isso acontece, é inverno na superfície. Durante essa semana, a seguinte cena se torna plausível:

Ela está comendo torrada com requeijão.

Estendo a minha torrada e pergunto:

— Quer experimentar com cream cheese?

— Não, obrigada.

No meio do caminho de volta, decido morder a torrada.

— Você não pode comer em cima do prato? A mesa fica cheia de migalha!

— Noto que tem migalhas do lado do seu prato também.

— Humpf! Sim, foi na ansiedade de cortar uma torrada pra Lucia.

— E não poderia cortar em cima do prato?

— Sou eu que vou limpar mesmo!

— Eu também limpo, oras.

— Você não limpa direito e os cantos ficam cheios de sujeira!

Passam alguns minutos, vou lavar louça, fumegando.

Durante a lavagem de louça, repassamos o diálogo:

— Você está bravo comigo? Desculpa por ter falado da torrada.

Perdendo a magnífica oportunidade de ficar quieto, digo que estou meio assim não com a torrada, mas com o que aconteceu depois.

— O que aconteceu depois?, ela pergunta.

— Eu disse que tinha sujeira em volta do seu prato também e você disse que podia ter porque era você que limpava.

— EU NÃO DISSE ISSO! Eu disse que sou eu que limpo. Você fica distorcendo o que eu digo.

— Mas eu também limpo.

— Você varre e deixa a sujeira no canto, e eu que tenho que limpar depois!

— Mas eu só fiz isso umas duas vezes! E todas as outras vezes que eu limpei todo o chão?

— "Limpou"...

E assim por diante. Latimos e rosnamos de ambos os lados e o resto da manhã foi um inverno polar.

Lá pela hora do almoço:

— Gato...

— Gatinha...

— Vem cá.

— Venho.

Ainda bem que no resto do mês o sol brilha.

Where the wild things are

zidaninha

Ontem eu estava deitado no sofá olhando a pequena e ela correu na minha direção, não brecou e me deu a cabeçada no nariz mais dolorida que já levei, ever. Vi estrelas, saíram lágrimas e o nariz entupiu na hora. Achei que ia sair até sangue, sem exagero. No começo ela apalpou a própria testa – capaz de ter doído nela, afinal –, depois ficou rindo dos meus gemidos, deve ter achado que estava mesmo na ilha dos monstros. Então parece que percebeu algo estranho, porque ficou dizendo com alguma preocupação: "Papai?"

Confissões: all systems are A-OK

De tanto ver acabei pegando gosto pelos *Backyardigans*. A Lucia larga o episódio e vai fazer outra coisa e eu fico lá terminando de assistir. Uma vergonha, eu sei, mas fazer o quê? E não é que isso nunca tenha acontecido antes[73].

Pra variar um pouco a programação da TV, baixei na internet um episódio duplo de *Backyardigans*, em inglês mesmo, o "Robot rampage". A Lucia levanta as mãos como uma dançarina de flamenco, roda, dança e se diverte com as músicas. Mas o que me enche de orgulho é quando o Pablo aparece detrás da moita, na pele do vilão Professor Bug, e ela aponta pra ele e sorri imitando sua risada vilanesca: "Har, har, har!" Sinal de bom-senso, já que os vilões são personagens muito mais interessantes. Eu sempre gostei do Tom e do Coiote e nunca consegui simpatizar com o Jerry e o Papa-Léguas. Bip-bip é a sua mãe, pássaro nojento!

---

73. Vide *Super Fofos*.

caiu, levanta
Lágrimas e tchau, papai

Enquanto Lucia deixa de ser um bebê grande e vira uma menina pequena, o pobre do pai dela fica assistindo estupefato – assim como um animal cruzando a estrada fica paralisado pelos faróis do carro que se aproxima em alta velocidade. A carteira de motorista do Tempo deveria ser cassada, maldito atropelador inconsequente! Ela já sabe falar "não", mas ainda não aprendeu a falar "sim", então basicamente responde "não" pra tudo; mas quando não é não ela balança a cabeça junto, acho.

Dois momentos de partir o coração: em um, ela sai passeando pelo condomínio, brinca na grama, perambula, leva um tombo e chora. Tirando acidentes que realmente machucam, a gente não dá muita moleza, caiu, levanta. É uma lição dura de ensinar, já que a vontade é pegar no colo e encher de beijos, mas a vida é dura como o chão, e caiu, levanta. Ela chora, chora mais um pouco, para de chorar, olha em volta, dá mais uma choradinha por via das dúvidas, enfim levanta e vai. E, de forma condizente com a realidade, assim que ela levanta e faz a curva bate a cabeça na coluna, que é inclinada ao contrário. Aí eu não resisti, coloquei-a no colo e abracei com força.

No outro momento não acontece nada drástico, ela só sai andando e me dá tchau, anda mais, dá tchau e vai mexer nas flores e nas plantas. Meu Deus, que aperto no peito! Eu já tinha aprendido a ser pai de bebê, aquele bichinho que sai do útero-mãe e fica no útero-casa. O mundo não é um útero, o mundo é definitivamente um "lá fora", e certo dia os tchauzinhos virarão tchauzões. Jamais estarei pronto para isso, mas de qualquer maneira já estou treinando minha cara de pai tranquilo e seguro que diz: "Vai, filha, que o mundo é seu".

O sono dos justos

Além das crianças, acho que só o Roberto Justus consegue dormir assim tão bem.

Pensando bem, pelo que tenho ouvido por aí de mães insones, com olheiras, que mal conseguem dizer coisas com nexo, seria melhor tirar as crianças da lista.

Aliás, hoje a Lucia acordou às cinco da manhã e só dormiu de novo bem depois, para o desespero de seu pobre pai, que ficou parecendo um zumbi[74]. Mas aposto que o Justus dorme direitinho, ele deve ter umas oito babás e tapa-ouvido importado.

Enquanto ela dorme reparo que está uma menina comprida, só posso crer que é alimentada na escola com milk-shake de fermento com adubo...

---

74. Pais de todo o mundo, zumbi-vos.

sossega-leão
A primeira visita ao dentista (ou Nossa, que dentes grandes você tem, seu dinossauro %#@)

Na consulta da Lucia foi tudo feito para evitar traumas e acostumar a pequena com a vida odontológica.

Primeiro tivemos uma apresentação de todos os aparelhos, sempre com uma demonstração na mão do papai, depois na mão da Lucia, depois na boca. Foi assim com o jato de ar, com o jato de água – aliás, ela gostou tanto deste que passou metade da consulta pedindo pra beber água do jatinho. A doutora mostrou a luva de látex; essa, sim, causou estranheza, e a Lucia não queria tocar naquela mão emborrachada de jeito nenhum. Com o sugador foi ainda mais legal, ela encheu um copinho com água e ensinou a pequena a usar o tubinho laranja. O espelhinho foi testado primeiro no Barney[75], mas uma versão com dentes enormes. Lucia olhou tanto os dentes do Barney que pode até ser dentista de dinossauros estúpidos quando crescer. Não sei se isso dá dinheiro.

Meu primeiro dentista, um doutor Oscar, usando nitrato de prata, pintou de preto todos os dentes de leite do meu irmão sem consultar os pais antes, disse que serviria pra sei lá o quê. O coi-

---

75. Tenho ódio profundo do Barney.

tado do meu irmão, por conseguinte, foi durante anos o menino do dente preto. Ele também dava chocolates no fim da consulta. De fato um homem do ramo, garantindo sua clientela.

Os dentes da Lulu estão ótimos, sem cáries ou problemas de formação, e ela respira pelo nariz – o que, segundo a doutora, evita toda sorte de problemas bucais. Estão nascendo os primeiros molares inferiores, os dentes mais incômodos ao nascer, o que talvez explique a Lucia correndo pela casa no maior mau humor, chutando o gato, botando fogo nas cortinas e gritando com a TV. Tudo mentira, o gato foge a tempo, os fósforos estão muito molhados de saliva pra acenderem e a TV se escondeu atrás da cortina.

Lucia examina com o espelhinho os dentes do Blarghney. A assistente estrala os dedos no fundo, estilo "Não vai doer nada, né?" E não doeu mesmo. A Lucia deixou a doutora usar até a broca-escova, com barulhinho e tudo. Impressionante.

Esta é a maneira correta de escovar os dentes dos bebês: colocar a pasta sem flúor dentro das cerdas, e não em cima, deixar a cabeça apoiada (pra não ter pra onde fugir), afastar os lábios, passar dez segundos em cada quadrante e ter muita paciência. Atenção: não vale dar chave de pescoço na criança.

Arte gugu-dadaísta à venda na Sotheby's por alguns zilhões de dólares (do Zimbábue)

"Vamos começar o leilão com esta bela obra, de autoria conjunta de Lucia e seu pai. Um olho mais atento pode notar que um dos artistas não tem a menor noção de traço, perspectiva ou a coordenação motora necessária para fazer uma linha reta nem que sua vida dependesse disso. E o outro é apenas um bebê de 1 ano e meio.

Vemos também que, enquanto um dos artistas é limitado em diversos aspectos, inclusive pelas fronteiras do quadro branco, a outra tem a capacidade de romper com as barreiras da sociedade, com sua estética opressora e arbitrariedade, estendendo sua expressão artística para muito além das convenções artificialmente impostas por paredes, portas e progenitores furiosos."

Serenata para uma pequena dama

duende

Além de ser cantada por outras crianças no Bar Brahma, Lucia tem mordido alguns coleguinhas, literalmente, de forma que andou frequentando a sala da diretoria[76]. Se às vezes ela entende tudo que a gente diz, quando explicamos que não pode morder deve soar como a professora do Charlie Brown, quon-quon-quon. No dia que não tinha ninguém pra morder, ela mordeu o próprio braço; acho que a culpa é dos três novos dentes nascendo, mas em 20 anos isso passa. Também resolveu roer o dedão do pé, arrancar as folhas das plantas e aprimorou-se na arte de fuçar gavetas, agora movendo objetos de uma gaveta pra outra como um verdadeiro duende escondedor. Sumiu com o smart card da TV a cabo e sem dúvida ela tem um lápis escondido em algum lugar secreto, porque a cada dia aparecem mais paredes artisticamente pintadas.

---

76. Parece alguém. Ou alguéns.

A infecção dos memes malditos: eu me apelo Urso Cômico...

Tal qual uma infecção de piolhos, cujo aviso recebemos da escola, ontem foi o dia da invasão dos memes, que, ao contrário dos piolhos – que não temos –, mantiveram-se grudados em nossa cabeça.

Começou com a Maria chegando em casa e contando que na aula de música um amigo pediu pra colocar um vídeo do YouTube, ou dois. Assim a infecção memética atingiu a classe inteira. Pois Maria chegou e pediu pra ver o tal vídeo. Deixamos. Como poderíamos saber? Como?

O primeiro deles era um tal *Rebolation*, já tinha ouvido falar mas felizmente nunca tinha deparado com ele. A Maria pulava, "rebolation-tion", e a irmã pequena imitava. Pensei: "Como vou tirar essa desgraça da cabeça agora?" Mas foi fácil. Porque logo depois ela colocou o outro vídeo que viram na aula, protagonizado pelo ignóbil "Funny Bear". Por bizarrice do acaso, era ainda uma versão em francês: *Je m'appelle Funny Bear*. Quando vi, todas as moças da casa estavam cantando e pulando na frente da TV, enquanto eu e os gatos, pasmos, fazíamos um concurso de olhar mais estarrecido.

Agora isso grudou na minha cabeça e acho que nem um cotonete em chamas vai fazer desgrudar... E se isso aconteceu na casa de outros alunos, em breve a cidade toda estará contaminada, que nem no *Ensaio sobre a cegueira*, mas com o tema da surdez, e a desvantagem de surdez nenhuma. "Je m'appelle Funny Bear. Je m'appelle Funny Bear. Je m'appelle Funny, Funny Funny Funny Funny Funny, Funny Bear."

Ó, Deus, mate-me! Agora. Agora. Já. JÁ![77]

---

77. Como parece óbvio, Ele não me ouve.

não, não e não
Um ano e meio

No primeiro mês a gente comemora as semanas, no primeiro ano os meses e, depois que a criança completa 1 ano, só resta uma "comemoração" parcial, a de 1 ano e meio. A partir daí é só de ano em ano mesmo.

E com 1 ano e meio a Lucia já ouve tudo, entende quase tudo do que ouve e ignora boa parte do que entende. Que nem o pai. Também sabe o que quer e sabe demonstrar suas vontades e descontentamentos. Que nem a mãe. E também sabe se esconder atrás dos móveis e saltar de surpresa em cima dos gatos. Que nem os próprios. Ela só não aprendeu nada com a samambaia, até porque não temos uma e se tivéssemos o gato teria comido.

Ela e sua prima têm praticamente a mesma idade, a Sofia é só um mês mais velha. Enquanto a prima já fala pelos cotovelos e domina um monte de palavras, a Lu tem um vocabulário mais limitado. Mas ela pesa uns três quilos a mais, e se a Sofia falar demais a Lucia pode sentar nela. A Lucia fala "papai", "mamãe", "mamá", "papá", "suco", "gato", "acabou", "cocô", "tchau", "não", "banana" e "somos amigos os Backyardigans".

Se há um ano o exercício era "O que significa esse choro?", agora o exercício é "O que significa esse não?" Ela aponta para o armário das mamadeiras, eu faço uma, entrego a ela e ela diz "não". Eu pego de volta e ela chora, apontando pra mamadeira. Eu entrego de novo e ela pega e bebe. Percebo que é essencial que ela aprenda a falar "sim", então fico andando atrás dela falando "sim isso",

142

"sim aquilo". "Sim, deixe o cartão da TV no lugar." "Sim, papai, obrigada por este magnífico copo de leite." Sim, Lucia, sim. Por enquanto o resultado é zero.

Para todos os efeitos, ela não é mais um bebê e sim uma menina pequena, que corre e ri, ganha colo e mete um tapa na minha cara, seguido de um abraço apertado no meu pescoço. Ou seja, uma estabilidade emocional digna de, digamos, seus pais.

Mas o que mais me espanta é o brilho nos olhos dela, no qual cabem cada vez mais coisas. Ela fala com o olhar e eu, um olhador convicto, fico ouvindo maravilhado a voz dos olhos dela. E o pouco que ela fala, fala bem. Outro dia mandou uma sequência de "papais", cada um de um jeito. Foi tão gostoso que meus ouvidos se encheram de lágrimas. Pra variar.

Confete, serpentina e Bonzo

Não é viagem no tempo nem carnaval fora de época, mas descobri duas pérolas no Flickr da escola. Espaço para reações: "Uau, a escola tem Flickr!" e "O que catso[78] é um Flickr?"

Uma delas parece uma capa de disco, os Ramones em 70 e pouco com a mão no bolso, dá uma ideia de turma, Lucia andando por aí com as meninas mais velhas, certamente más companhias, más!

Na verdade, a questão é que isso mostra o mundo interior da escola, que já é um mundo separado dos pais e cheio de coisas que eu não sei ou não controlo. Integrado, comunicado, mas à parte. No berçário, a gente entra na escola, acompanha, vê as outras crianças. Eu tinha até certo orgulho de saber quem eram todos os outros bebês do berçário, os nomes inclusive. Aí eles descem pro G1, a classe aumenta, a gente não entra mais na escola e eu não sei mais quem são os coleguinhas, que só vejo ocasionalmente, na hora da saída. Já falei que eu passava pelos pais esperando pacientemente do lado de fora, na saída, como se eu fosse um emissário autorizado a entrar na escola. Agora sou um desses pais. E quanta coisa acontece na escola! Todo dia vem recado na agenda: "Lucia adorou a aula de culinária, fez sua gelatina e comeu a do vizinho"; "Pintamos macarrão para fazer

---

78. Cazzo, para os puristas.

colar de índio. Aliás, em homenagem ao Dia do Índio, teremos o programa de índio"; "Lucia adora o circuito de pufes". Então vejo uma foto da minha punk rocker, hanging out. Um beijo pro Malcolm McLaren, que morreu agora mas antes disso, inspirado nos Ramones, criou os Sex Pistols.

E o que posso dizer da outra foto? Será que ela estava fazendo de conta que estava pegando flocos de neve com a língua, ou pegando gotas de água do chuveiro depois que "cabô?" Capaz de ter comido confetes e depois cuspido em uma chuva, fazendo "pffft", como quem fala "farofa" com a boca cheia de farofa. Olha só, Lucia em um bailão de carnaval e eu nem fiquei sabendo! Ainda por cima deve ter dormido com a classe inteira depois da farra.

Em tempo, Bonzo me remete a três erres: Ramones, Reagan e a ração que a cachorrinha cocker da minha infância comia. Lembro o jingle até hoje "Naaaaa, nananana, my head is hanging upside down...", ops, digo, "Que cheirinho, que cheirinho bom! Au, au. Auau. Agora o que era Bonzo ficou melhor. Auuuuu. Misture água quente e sirva pro seu cão a mais deliciosa refeição. Au, au".

Meu avô, aquele cujos livros roubo desavergonhadamente, serviu uma tigela de Bonzo para as visitas e todo mundo comeu. Já sei de onde tirei, além do gosto pela ficção científica, esse malquisto senso de humor.

neuromancer
Pequenos hackers versus Caixa-Encaixa

A evolução da Lucia nesse brinquedo foi para mim fonte de prazer e orgulho. Além de ter aprendido a colocar várias das formas no respectivo buraco, ela já tinha hackeado o brinquedo ao abrir as fechaduras com o dedo mindinho em vez da chave. Em uma jogada ainda mais elegante, ela tenta criar uma entrada pelos fundos do brinquedo. A ideia é acessar sem causar danos, um desafio intelectual, afinal trata-se de uma hacker menina.

Depois recebemos a visita do meu sobrinho Samuel, 3 anos. Sua abordagem do mesmo problema é um tanto mais bruta: ele sobe no brinquedo e bate as mãos no peito, uma mistura de filhote de Tarzan com filhote de King Kong. Para surpresa geral, por efeito de pressão exercida por pés, o brinquedo abre-se para ele, não como um mar Vermelho, mas como uma caverna de 40 ladrões. Claro que por "abre-se" deve-se entender "extraiu parte significativa da integridade do brinquedo, reduzindo sua utilidade em, digamos, 90% e deixando diversas arestas afiadas". A ideia é acessar o brinquedo a qualquer custo e bater as mãos no peito. Fim do brinquedo.

memória fotográfica
Pensei e deu saudade: vou buscar a Lucia na escola mais cedo

nquanto meu celular não fica pronto, o que será bem difícil sem efetivamente enviá-lo ao conserto, descubro que a vida sem celular tem seus encantos e apertos. Por mais que você se esforce pra sentir-se livre e não dar sinais de abstinência, sempre fica a sensação de que vai perder alguma ligação importante – de um cliente, alguém avisando sobre um ataque cardíaco ou anunciando que você ganhou na loto. Preciso mandar consertar o celular e começar a jogar na loto.

Com o celular quebrado, vem a vida sem câmera. Houve épocas na minha vida em que rompi com a fotografia, deixando de tirar fotos e ter álbuns, guardar fotos e rever fotos. Fiz o máximo nesse período para guardar momentos e pessoas apenas na memória. O resultado é que não tenho fotos nem memória da granularidade desses tempos, só um geral vago.

Essa coisa de filmar o Truman, digo, a Lucia, começou mais tarde. A fase de gravidez tem poucas fotos. Tem os ultrassons da Lucia, talvez tenha começado aí.

Não sei se isso acontece com todo mundo, mas a maioria das lembranças que eu tenho da minha infância vem das fotos que sobraram, cujo rever esporádico reforça a tal memória. Descobri isso outro dia na casa da minha mãe. Ela desenterrou alguns álbuns pra me comparar com a Lucia e lá estavam as minhas memórias daquela infância. Olhei pra uma foto minha na piscina, com um patinho, e pensei: "Nossa, igual à imagem na minha cabeça". Como é difícil acreditar que tenham extraído a imagem do meu cérebro pra imprimir, só posso crer que as fotos, das quais eu nem me lembrava, mantiveram essas lembranças, enquanto o resto jaz no inconsciente.

É uma espécie de nostalgia mnemônica quando algo em que você não pensava havia anos volta à superfície, um pensamento aparentemente próximo, desses que você acha que nunca vai tirar da cabeça e, quando vê, está redescobrindo-o, estranhando que por anos o pensamento tenha se evadido. Passemos agora a parágrafos que fazem sentido.

A pena de estar sem câmera é que a Lucia está muito engraçada, e brava, e quase falando, e gesticulando, e aprontando todas por aí. Percebi isso quando a vi brincando no parquinho: ela deitou a barriga na balança e saiu voando que nem a Supermoça, deslizando a alguns centímetros do chão. Ainda bem que o celular do meu irmão tem câmera, então um dia, se ele mandar o vídeo, eu vou acreditar que isso aconteceu. Enquanto isso, vou mandar o meu para o conserto – gosto desses registros[79].

---

79. E acho que tenho uma forma ficcional de Alzheimer.

Você não sai da minha cabeça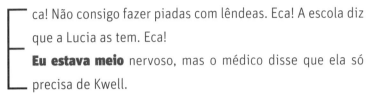

ca! Não consigo fazer piadas com lêndeas. Eca! A escola diz que a Lucia as tem. Eca!
Eu estava meio nervoso, mas o médico disse que ela só precisa de Kwell.
Não entendi bem ao telefone, então, na dúvida, vou passar creolina na cabeça dela, ao som do *Créu*.
E eca! EcaAAAAAAAAAAAAAAAAAAAAAAAAAAAAAAAAAAAAAAAAAA-
AAAAAAAAAAAAAAAAAAAAAAAAAAAAAAAAAAAAAAAAAAAAAA-
AAAAAAAAAAAAAAAAAAAAAAAAAAAAAAAAAAAAAAAAAAAAAA-
AAAAAAAAAAAAAAAAAAAAAAAAAAAAAAAAAAAAAAAAAAAAAA-
AAAAAAAAAAAAAAAAAAAAAAAAAAAAAAAAAAAAAAAAAAAAAA-
AAAAAAAAAAAAAAAAAAAAAAAAAAAAAAAAAAAAAAAAAAAAAA-
AAAAAAAAAAAAAAAAAAAAAAAAAAAAAAAAAAAAAAAAAAAAAA-
AAAAAAAAAAAAAAAAAAAAAAAAAAAAAAAAAAAAAAAAAAAAAA-
AAAAAAAAAAAAAAAAAAAAAAAAAAAAAAAAAAAAAAAAAAAAAA-
AAAAAAAAAAAAAAAAAAAAAAAAAAAAAAAAAAAAAAAAAAAAA!

Olho roxo: Lucia e sua primeira inimiga

Lucia chegou em casa de olho roxo.

Trocou bofetadas, mordidas e arranhões com uma menina na escola, ficaram se ameaçando com garrafas quebradas e tudo.

Aliás, parece que a Lucia é bem brava. Na ficha de avaliação dela tem um asterisco no item "Sabe se defender: afasta-se ou procura um adulto*". Diz que ela não faz nem uma coisa nem outra, ela revida mesmo.

Também descobri recentemente que, além das razões clássicas para ela mudar do berçário para o G1 – como saber andar e ser capaz de acompanhar a turma –, outra foi considerada: "Desce a porrada nos bebezinhos".

Muita areia pro caminhãozinho

Não, não é um recado ameaçador a todos os candidatos potenciais a genro. (É sim, é sim!)

Areia é algo que me causa reações mistas. Gosto muito de elementos associados a ela, como vidro e silício. Adoro o mar, mas acho que prefiro um deck de piscina à areia da praia. Para as crianças, é muito lúdico e positivo brincar com areia. Mas, seja na escola ou no prédio, essa areia acaba sendo contrabandeada pra dentro de casa, onde é declarada elemento non grato.

Tenho feito de tudo pra evitar que a Lucia descubra a existência da areia dos gatos, o que poderia ter consequências pavorosas tanto em termos de saúde quanto de escatologia (palavra que significa "a ciência preferida das crianças").

Tem outra coisa: a escola limpa as crianças, mas sempre sobra alguma coisa pra levar pra casa. Normal. Só que limpar uma criança com areia é como fazer um peeling.

Visto de longe, o tanquinho de areia é de uma bucólica tranquilidade, mas não é nada disso. É um campo de batalha, verdadeira tempestade no deserto em que cada centímetro é disputado como se lá houvesse, digamos, petróleo.

faça-se a luz
Férias dos filhos

Pela primeira vez desde que a Lucia nasceu, passei um fim de semana inteirinho sem ela. Deixamos a pequena com a vovó, Maria com seu respectivo pai e fomos pra praia. Errei o caminho, o que aumentou a viagem em uns 100 quilômetros. Típico.

No dia seguinte, dormi até dizer chega. Que sensação boa! O despertador tem uma característica interessante, pra não dizer maldita: ele não acorda você de uma vez. Ao contrário, ele insidiosamente invade seu sonho, parece até fazer parte dele por algum tempo, e, quando a atenção sonhadora percebe sua presença, ele te puxa pro mundo dos acordados como o pescador puxa o peixe pra fora d'água. Choro de filho é um pouco mais rápido que isso, mas o efeito é parecido. Ausentes ambas as coisas, despertador e choro, dormi como uma pedra e acordei feliz. Nós fomos feitos pra acordar naturalmente, o que ocorre quando o corpo descansa o suficiente, envia a ordem "E faça-se a luz" e seus olhos abrem. O despertador é uma violência; choro de filho é um chamado inescapável que resignados devemos atender.

Mas essa paz toda durou pouco, já que a pousada estava cheia de crianças e, cada vez que uma delas chorava ou fazia sons parecidos com os da Lucia, meu coração apertava pensando se ela estaria bem, ou apenas estranhando ela não estar lá. Voltando pra casa, descobri que ela ficou ótima com a vovó e toda a preocupação foi à toa, mas mesmo assim inescapável. E algo me diz que essa preocupação, mesmo quando desnecessária, vai me roubar a paz de espírito pelo resto da vida. Imagine então quando ela sair de casa com sabe-se lá quem! Aí, em vez de acordar muito cedo, não vou conseguir dormir.

Ah, mas quando a gente chegou e ela me viu, correu, abraçou meus joelhos e disse "Papai!", eu derreti. É, Lucia, há quase dois anos você rouba meu sono. E eu amo meu sono, mas cada vez que você diz "papai" é um descanso pros meus ouvidos. Como eu gosto de ser o seu pai.

O Dia da Mãe Invisível

Domingo foi um tal de "Dia das Mães".
Não posso deixar de registrar aqui uma homenagem à minha querida Ana, que se considera a Susan Richards[80] da família. Sem ela nada disso seria possível, se fosse possível não faria sentido, e mesmo que fizesse sentido não teria graça.

Li uma vez, na extinta *Casseta Popular*, um texto sobre um tipo estranho de superpoder: a pessoa fica invisível, mas só pra si mesma, então ainda tem o efeito surpresa, já que os vilões não sabem se ela está invisível ou não. No fim, sou eu que não me enxergo, já que ouso querer ficar com esse mulherão que ela é.

Indo de *Casseta* pra Quarteto, além da invisibilidade a Sue é uma gostosona e gera campos de força. Ela é a mais poderosa de todos eles. Então até que não está de todo incorreto a Ana ser a Mulher Invisível desse quarteto fantástico.

"Veneno na comida, eu? Que audácia, querido. Agora experimenta aqui."

---

80. Storm.

olhos de fractal
No coração da Lucia:
o Filósofo contra o Lorde

Como vocês se lembram, ou, se têm Alzheimer ou fingem, como eu, não lembram, no berçário tínhamos três pretendentes ao coração da Lucia: Lucas, silencioso e profundo filósofo; Davi, o amigão; e Pedro, o divertido, que era muito simpático com seu sogro. Agora tem também o Arthur, que já era da classe dela, só que eu nunca vi os dois juntos no berçário.

Vida de criança tem outras proporções, afinal, aos 2 anos de idade, por exemplo, a distância entre um Natal e outro é 50% da sua vida inteira.

"Omnia mutantur, nihil interit". Assim, Davi, o amigão, continua próximo pero no mucho. É duro quando a gente quer mudar a categoria da relação e não acontece, fica aquela sensação de ovos quebrados e nenhuma omelete. Pedro, por sua vez, cresceu de montão, já não faz salamaleques e rapapés ao sogro[81] e mesmo assim acho que ele está em terceiro.

Então agora temos um páreo duro, Arthur versus Lucas.

O Lucas continua misterioso e profundo e faz as coisas no tempo dele. Foi o último a andar e a descer pro G1. Gosto que ele tenha seu próprio tempo, mas a mãe da Lucia acha "devagar demais".

81. Mas continua recebendo ela na porta...

Eu acho isso uma injustiça. Fora que vi uma foto do Lucas em close e ele tem olhos de fractal. Muitos pontos com o sogrão. O Lucas está naquela onda de fingir que se espreguiça pra colocar os braços em volta da Lucia, mas sem efetivamente colocá-los.

O Arthur, lorde inglês demais na minha opinião, loiro de olhos bem azuis, deve ter feito algo, mas não sei o quê. O que eu sei é que, quando passou uma propaganda de roupas na TV com um menino de capuz que parecia vagamente com o Arthur, a Lucia começou a apontar e a gritar: "Tutu! TUTU! TUTUUUUUUU!!!" Aconteceu a mesma coisa quando estávamos vendo as fotos da escola.

A boa notícia é que, em um exercício de ficção que ajuda a preparar o pai para inevitáveis dissabores futuros, a gente escreve o que quer. A má é que quem escreve o que quer lê o que não quer.

A disputa é ainda mais acirrada do que parece. O Luquinhas, até onde sei, é o único que ganhou beijos da Lucia. Por outro lado, quando vimos as fotos, era TUTUUUU sem parar. Ela inclusive ia apontando pros thumbnails do moço, dizendo "Tutu, Tutu".

Gosto de crer que o Arthur prometeu cozinhar um tutu de feijão e não cumpriu. Pode acabar como o cozinheiro da Legião Estrangeira, para a qual o mandarei sem piedade. Ele até parece o Lawrence da Arábia... E o Lucas emprestou um carrinho da Máfia para impressionar a menina. Está na hora de alguém avisar a Cosa Nostra sobre seu paradeiro.

a revolta da vacina
Lucia e os fazedores de chuva

Por orientação de meu sábio pediatra, levei a Lucia para tomar a primeira dose da vacina H1N1. Nem vou discutir sobre as pessoas que acreditam em qualquer e-mail terrorista e mal escrito que recebem e deixam de vacinar suas crianças, porque estou certo de que são as mesmas pessoas que caem em golpes nigerianos, encaminham correntes nas quais não sei quem acordou em uma banheira de gelo com um Rolex e Viagra no lugar dos rins e que terão azar se não encaminharem este livro pra todos os seus contatos. Enfim.

Chego ao posto de saúde e é aquela fila, cheia de mães com bebês, idosos e alguns jovens desesperados pra tomar vacina a qualquer custo. Lucia adormece no colo e, pra ela, as duas horas de fila se passam em brancas nuvens. Finalmente somos chamados para ir à outra fila, perto das salas de vacinação, onde podemos ouvir os berros das crianças vacinadas. Ainda assim, Lucia dorme.

Todos aqueles gritos me transportam para quando eu era criança e morria de medo de vacina. Em algum momento, isso saiu do controle e virou uma verdadeira fobia de injeção. Quando eu tinha 7 anos, caí em cima da bicicleta e cortei o supercílio. Meu pai me levou pra dar pontos e só me lembro de que berrei do início ao fim. O médico veio anestesiar pra dar os pontos e eu esperneava: "Não! Não quero! Deixa assim! Nãããoooo!" Meu pai deve ter morrido de vergonha. Esse medo só passou de vez quando sofri o acidente de moto; doía tanto que eu gritava: "Uma injeção, pelo amor de Deus, uma injeção!"

Nisso ouço uma criança chorando mais que as outras, berrando pra valer. Fico comovido, até que a mãe dela sai da salinha e se senta na nossa fila, tentando acalmar o bebê: "Não chora, olha essas crianças, que boazinhas, não estão chorando". Ora, minha senhora, claro que não estão chorando, essa é a fila da entrada! Agora, mais um minuto dos berros apavorados da sua filha e estou certo de que todas as crianças da fila vão chorar – e algumas velhinhas também. Claro que isso eu só pensei, afinal, o clima em posto de saúde já é inflamável e está sempre a um fósforo da combustão. Lucia chegou dormindo à sala de vacinação. Imagine uma bebezinha, até então dormindo e sonhando, acordando subitamente em um lugar completamente estranho e com uma agulha enfiada na perna. Não é exatamente um despertar bucólico e idílico.

Assim, primeiro acordamos a pequena e só então lhe cravamos a seringa. Ela se contorceu e berrou de indignação. Esse é um dos momentos duros da paternidade – você sabe que é pro bem, mas sua filha não sabe e faz aquela carinha de quem foi traída. Em 15 segundos ela parou de gritar, logo parou de chorar, e, quando saímos, deu até tchauzinho pras colegas de fila.

No fim do dia parece que nada aconteceu, exceto que ela aponta pro lugar da vacina e diz "Hã?" E eu fico maravilhado com como, de todas as coisas deste mundo, eu nasci pra ser pai da Lucia.

esburacado
Agora ela cresce enquanto estou longe

Por uma série de circunstâncias favoráveis, meu horário de trabalho no último ano estava flexível e eu levava e buscava a Lucia na escola todos os dias. Nosso fim de tarde era divertido, ainda que cansativo. E a Lucia estava debaixo da minha asa.

Agora estou trabalhando em outro projeto e, quando chego em casa, ela já está dormindo. Que dor no coração me dá, acrescida da famosa vontade de ir acordar o bebê. Não se pode acordar criança que está dormindo, tem alguma regra que diz isso. Ou seriam sonâmbulos? Não que não seja ótimo vê-la dormir – diz meu sogro que enquanto os filhos dormem o amor aumenta. Ela dorme como uma princesa (uma princesa que é parte avestruz).

No dia seguinte, através de olhos semicerrados, vejo a Lucia na luz da manhã, ou, mais exatamente, na penumbra da madrugada. E apesar do sono e do mau humor que o acompanha, percebo que ela está cheia de palavras novas, dominando os sons e repetindo quase tudo que a gente diz. Eu tenho um bebê que fala.

Tudo isso é muito bom, fico feliz que ela se desenvolva, claro, e é importante sair de baixo da asa. Mas o que eu faço com esse buraco em forma de Lucia que ficou na minha asa?

Como nascem as mães prontas

nquanto os pais nascem a golpes de fórceps, as mães nascem muito antes. Durante a gravidez quiçá, diriam alguns, mas me parece que é realmente muito antes, quando a menina ganha sua primeira boneca. Ou talvez as meninas já nasçam meio mães.

Do ponto de vista reprodutivo, onde tudo sempre começa (ou termina), a diferença é interessante: o homem produz uns 1.000 espermatozoides por segundo. No tempo que se leva pra dizer "ops" já nasceram mais 1.000. Ops e ops. No fim do dia, são mais de 85 milhões de novos espermatozoides. O bichinho é feito na hora. Com tantos gametas, os homens tendem a não se importar com onde eles vão parar, cortina, abajur, orelha... e lugares muito mais interessantes também.

A mulher, por sua vez, nasce com todos os seus óvulos, em torno de 400 mil. Destes, ela gasta de quinhentos a mil todo mês para oferecer um óvulo amadurecido a cada ciclo. Com um gametinha por mês, faz sentido que mesmo o óvulo perdido na menstruação tenha um colchãozinho pra absorver sua queda. Notem como os espermatozoides são uns delinquentes juvenis e os óvulos estão lá desde sempre.

A função das mães no universo é aprimorar a espécie por intermédio de suas escolhas. Como quando os pastores primitivos domesticaram o lobo escolhendo os filhotes menos agressivos e, depois, os criadores de cachorro criaram raças usando cruzamentos para reforçar características. São as mulheres que escolhem os machos cujos traços, físicos e de personalidade, devem ser passados pra frente. Então, se de fato os homens "são todos uns canalhas", a culpa é das mulheres e de sua atração por canalhas.

Voltando aos gametas, como isso interfere na evolução? Assim: fisicamente falando, um homem pode ter milhares de filhos. O rei Salomão tinha um harém de mil estrangeiras[82]. Se ele ficasse com três delas por noite, toda noite, sem nunca repetir, e ao longo do ano 20% delas engravidasse, seriam cerca de duzentos filhos por ano, um verdadeiro exército de filhos. As mulheres, por sua vez, podem ter quantos filhos ao longo da vida? Vinte, trinta? E a que preço, meu Deus!

O objetivo aqui não é defender um machismo evolucionário, mas mostrar que, a julgar por esses dados, faz sentido que o homem pareça um espalhador inconsequente de sementes diante das mulheres, os "criadores de cachorro" da raça humana. Vale sempre lembrar que, apesar de ainda sermos animais, temos outras camadas que fazem cabo de guerra com nossos instintos básicos, como a cultura, a sociedade e o pau de macarrão.

A Lucia pega uma capa e cobre sua boneca com todo o carinho, experimenta cadeiras, sofás e pufes e até resolve mandar a filha pra Lua[83], como pais e mães costumam ter vontade de fazer. No

---

82. Não sei se ele tinha algum problema com as mulheres locais ou se era uma questão de variedade mesmo.

83. Uma Lua inflável que fica pela sala.

fim, ela acaba sentada ao lado da boneca, como quem ensina alguma coisa[84].

Ser pai é um processo que começa do lado de fora e vai se internalizando, derrubando tudo que é árvore no caminho. As meninas não, elas já nascem praticamente mãezinhas, é algo cuja semente está sempre lá e, tendo oportunidade, germina. As mães já vêm prontas; os pais, ao contrário, são obrigados a nascer.

---

84. Sabemos que as mulheres têm um livro secreto passado apenas de mãe pra filha.

pais diversos
No mundo da paternidade animal

i algo sobre as 12 espécies animais com os pais mais participantes. Como nenhum deles escreve, fiquei pensando sobre isso. Imagina só o blog do cavalo-marinho, que fica grávido e carrega em sua pança entre 5 e 1.500 filhotes, uns 200 em média: "Hoje os filhotes passaram para a minha barriga e ficaram lá em seu galope marítimo. Não sei mais o que fazer com eles, não aguento mais cantar a música da eguinha Pocotó".

Ou o blog do peixe-gato, que por dois meses carrega os filhotes na boca, para proteção, e não come esse tempo todo: "Hojm mm flhsmm estomm mm dxando locmmm. E qmm fomm da prrr, mmm!"

O blog dos grandes tucanos: "Hoje prendi a mamãe tucano e os filhotes no oco da árvore, emparedando-os com lama e fezes. Deixei uma abertura para levar comida, o que devo fazer pelos próximos cinco meses, exceto quando sair pra receber meu troféu de pai do ano".

Enquanto isso, o papai sagui carrega seu filhote, de quem cuida desde o primeiro dia de vida, limpando-o, alimentando-o e ensinando os fatos da vida enquanto a mamãe sagui descansa, pinta as unhas dos pés e se prepara para emprenhar de novo sabe-se lá de quem. Ele não tem blog porque não dá tempo.

Minha leitora mais severa *exigente*

Quando meu primeiro livro chegou lá em casa, minha linda enteada de 9 anos, a Maria, pediu pra ler. No dia seguinte, ela estava toda elétrica, citando dezenas de passagens do livro:

— Rê, como assim você quase me deu um croque só porque eu disse que você estava gordo?

— Rê, você disse que tirou de *Padrinhos mágicos* e colocou em *House*; não podia deixar terminar o programa?

— Rê, você não acha que eu apareço pouco no livro?

— Rê, seu livro tem muito palavrão!

— Rê, como você é bobo, como assim você não sabia se seria um bom pai?

— Rê, eu nunca cantei essa música dos *Padrinhos mágicos* que você inventou, nem ensinei pra Lucia!

— Rê, eu ainda acho que o que aconteceu com o Anakin foi pior do que o que aconteceu com a menina do *House*.

— Rê, você tem razão, foi duro mesmo pra mim dividir a mamãe com você e a Lucia.

— Rê, seu livro realmente tem muito palavrão!

Aí o lobo disse: "Get your motor running..."

Lucia arremessou o mouse no meu nariz enquanto eu dormia. Um lembrete de que falar de livro é bom, mas o tema aqui é ela.

Do alto dos seus 21 meses de idade, sua primeira construção linguística foi: "Água não, água não", o que me fez sentir como um pai sem noção. Em minha defesa, dei uma mamadeira cheia de suco, ela tomou tudo e pediu: "Maish, maish". Recebeu uma segunda, desta vez de água, afinal nem tudo na vida é suquinho na mamadeira. Para deixar claro seu dissabor, ela chutou a mamadeira pela casa, pulou em cima, ficou pisoteando e abriu o berreiro.

Agora que ela ganhou um lindo triciclo da vovó, ninguém segura essa menina, capaz de ir pedalando até o Paraguai, por pura birra. E, a julgar pela cara de pânico da boneca que ela colocou na cestinha, é possível até que já tenha ido, cantando *Born to be wild* em bebeês.

Corre, pequena cineasta, corre

Fica cada vez mais difícil fazer videozinhos da Lucia. Ela meio que entendeu como a coisa funciona e toda vez prefere ver o que está na telinha a aparecer nela.

Como ela já quebrou três telefones meus, de modo algum vou soltar meu celular novinho na mão dela pra ver que tipos de filme ela faria. Só se eu tivesse uma dessas câmeras de natureza, que você amarra no pescoço do leão pra ver o dia dele.

Mas tudo bem, já avisei a Lucia: se você conseguir pegar a câmera do pescoço do leão, é sua. Ela pode até ganhar um Pulitzer mostrando uma viagem completa pelo sistema digestivo de um grande felino.

faça o que eu digo
Na não calada da noite

ucia acordou à uma da manhã, o que é raro. Chorava, chorava e nada de voltar a dormir. E também nada de a mãe acordar – dormiu na sala, na frente da TV, exausta depois de um longuíssimo dia, e lá ficou.

Não havendo outro jeito, levantei e fui ver o que era. A luz estava acesa, o interruptor fica perto do berço. A pobrecita chorava e pedia colo, colo, com uma voz grossa de choro que parecia a da esposa do Borat.

Tentei de tudo pra fazer ela dormir. Cantei músicas, o que pode até ter atrapalhado, dado que ela me olhava estupefata. Tentei conversar e ela parava de chorar pra responder "Não", mas depois chorava de novo. Ela apontava pra porta e eu dizia: "A mamãe está dormindo, a Mamá está dormindo, o gato está dormindo", e ela colocava a mão no rosto como quem imita pessoas dormindo, mas nada de dormir. Tentei até hipnose, usei minha voz mais tediosa e fiquei dizendo: "Você está com sono, suas pálpebras estão pesadas, Lucia qué naná, sono, sonooooo", deitei minha cabeça na grade do berço e fingi que dormia. Ela bateu no meu nariz.

Deitei na caminha, pois o quarto dela tem berço e cama para a transição que virá em breve, e fingi que dormia, aliás, fingimento com sinceridade ímpar. Ela sentou no berço e ficou um pouco lá brincando sozinha, mas depois chorou de novo.

Ok, não é recomendável, mas achei que era o caso: tirei-a do berço, pus no colo e apaguei a luz. Fiquei ninando a Lucia e em dois minutos ela estava dormindo. Sucesso. Coloquei-a suavemente no berço. Quando estava chegando perto da porta, ela acordou, ficou em pé, acendeu a luz, berrou e chorou. Se está com tanto sono, por que não dorme? Afe! Nisso já tinha se passado uma hora, e eu caindo de sono.

Fechei a porta e fui pra cozinha tomar um suco. Muitas vezes, sair do quarto faz que o bebê desista de brigar com o sono, renda-se e durma. Enquanto eu tomava o suco na cozinha, vi que não era o caso. E o choro e a luz da cozinha acordaram a pobre mãe.

Aí entramos com armamento pesado: meia mamadeira de leite (outra contraindicação, faça o que eu digo mas não faça o que eu faço e tal) e colo de mamãe.

Resultado, em menos de cinco minutos a pequena já estava dormindo como uma pedra. E eu, que estava praticamente dormindo em pé, deitei na cama e levei pelo menos meia hora pra pegar no sono de novo. Pensei em ligar pra minha mãe e tomar escondido uma mamadeira da Lucia, mas achei melhor não. Seria a oportunidade perfeita pra Ana começar o tal livro em que ela vai contar a verdade por trás de tudo que eu escrevo aqui.

não o que eu faço
Na Ogrolândia

Um dos problemas que os pais selvagens encontram durante a educação dos filhos é que eles não estão nem aí pro "faça o que eu digo mas não faça o que eu faço". Aliás, acontece basicamente o contrário, e, querendo ou não, a gente ensina pelo exemplo. Assim, na hora de colocar o boneco da Uniqua no berço, não adianta arremessar de longe e dizer "Cesta!" sob o olhar estupefato da pequena e depois esperar que a criança seja cuidadosa com as suas coisas.

Como não poderia deixar de ser, somos todos imperfeitos, uns mais reles, vis e indesculpavelmente sujos que outros, então nem sempre temos em nós as características que gostaríamos de transmitir à prole, o que supostamente nos obriga a ser pessoas melhores.

Mas quem esse bebê pensa que é pra sair por aí me melhorando? Nada disso, sou um selvagem com orgulho, indomesticável, um ogro, de mau humor irrefreável, capaz de apavorar aldeões na base do urro, de socar o bolo em pleno aniversário... Não, espera, esse é o enredo do *Shrek 4*.

Acho que acabei melhor, sim.

Só preciso parar de mentir.

esdrúxulas
Chave de pescoço no bebê

ucia acordou de madrugada, mas não voltou a dormir como geralmente acontece. Quando não aguentávamos mais ouvi-la chorar, colocamos plugues de ouvido, digo, fomos ver o que era. Parecia tudo bem. A mamadeira da noite tinha sido parcamente consumida, então pensei, depois de me certificar de que não era frio nem fralda, que devia ser fome. E nada de a pequena dormir. Colocada no colo, dormia imediatamente, mas, no berço, berros e mais berros.

A mãe da pequena, que dormia no sofá (ela gosta, não tinha aprontado nem nada), decidiu que não aguentava mais e pediu pra revezar. As duas ficaram lá uns bons 40 minutos, mas quando a Ana saiu do quarto começou tudo de novo.

Minha vez. Entrei, fechei a porta, Lucia correu pra porta berrando "Mamãe, mamãe!" Peguei-a à força, o que é mais difícil agora, porque quando ela não quer ser pega amolece os ombros e escorre da mão – bicho esperto esse. Deitei na caminha e fiquei segurando ela lá comigo um, dois, três minutos. Dormiu, mas acordava o tempo todo pra ver se tinha alguém.

Acabei ficando e o resto da madrugada foi até gostoso, ela rolava por cima de mim como um gato e, quando acordava e via que eu estava lá, dava um sorriso. Até melhorou minha ressaca, que fui dormir bêbado como um gambá de *Mad men*. Nem liguei para o fato de que não caibo na caminha, tendo de dormir em posições esdrúxulas.

O risco é a pequena acostumar com isso. Ou eu.

A mamadeira explosiva

ucia chega em casa e pede suco, o que ela faz do jeito mais fofo do mundo, dizendo "cusho". Servimos uma mamadeira de suco de laranja. Ela bebe um pouquinho e arremessa a mamadeira. Leva uma belíssima bronca, pra cortar logo esse mau hábito de arremessar comida no chão, e tiramos a mamadeira.

Aí ela chora e fica apontando pra pia e dizendo "Cusho, cusho!" A gente devolve, explicando que não é pra jogar. Ela toma mais um pouco e joga novamente no chão. O suco fica ali parado um tempo e depois, de forma estranha, uma pequena explosão. Uai, parece que o suco peidou?

Pego o suco e viro a mamadeira – não cai nada. Claro que ela ia reclamar, está entupida e ela não consegue beber. Entendi. Olho pros lados, pra ver se não tem ninguém olhando, e tento desentupir a mamadeira com a boca. Ao mesmo tempo, penso que é bizarro a mamadeira estar com pressão positiva em vez de negativa.

Desentupi a mamadeira com a boca e nessa hora o horror: parecia que o suco estava podre. Horrível, fermentado, como se feito de água com gás. Só o cheiro dele já me fez mal. Ainda dei uma experimentada, pra ter certeza de que era o suco e não o bico mal lavado da mamadeira, contrariando o conselho do pediatra – que diz que alguém precisa não estar passando mal pra dirigir até o hospital.

Passando mal eu fiquei, mas de culpa: bebelita ganhou suco podre, reclamou e ainda levou bronca?

Maus pais, maus! Pra caixinha!

novo trabalho
Pai de longe mais uma vez

Depois de mais um período cheio de Lucia, estou em um novo trabalho, muito legal e tals, mas chego em casa quase sempre depois de a pequena dormir.

Ontem eu entrei, não tinha ninguém na sala, fui andando silenciosamente e achei a Ana pondo a Lucia pra dormir, com ela no colo terminando a mamadeira. Entrei na ponta dos pés e dei um beijo em cada uma.

Quando virei pra sair, a filhota – que parecia dormir – segurou na minha mão e disse: "Papai!" Não soltou até a hora de deitar no berço. Ela me ama! Fiquei com água nos olhos, sério, até porque ela andou meio rebelde comigo.

— DEU POSITIVO. Como assim? Olha aqui, dois risquinhos, positivo. Ah, é uma técnica da farmácia pra vender mais fral... Céus, que déjà-vu!

ELA
ESTÁ
GRÁVIDA
DE NOVO.

No que parece ser o mais irônico déjà-vu jamais cultivado nos jardins do destino, a Ana ficou grávida outra vez. Começo a desconfiar que o sexo tenha algum papel nisso. Pensariam vocês que eu aprendi algo, mas essa gravidez é estilo *Diário de um grávido*, de surpresa, sem planejamento, em um momento delicado. Adivinha o que fiz quando recebi a notícia? Surtei ainda mais que da primeira vez, coitada da Ana!

Meu Deus, e agora? Até sonhei que a Lucia enchia o bebê de tabefes, ciumenta como ela é. Eu sou filho do meio, então sei como é isso... Fora que, se na primeira gravidez a gente tem medo do desconhecido, na segunda a gente sabe bem o que temer. Por exemplo, a falência financeira, nunca mais dormir direito e os pesadelos de sempre. Porque de resto é só alegria. Pânico e alegria.

Agora com licença que vou ali chorar um pouco.

Irmãs e o novo bebê
ex-caçula

Maria chega em casa da escola e a Ana vai falar com ela:

— Filha, quais são as coisas mais importantes que já aconteceram na sua vida?

— Hummm... Eu nasci?

— Mais alguma coisa? – pergunta a mãe, meio que olhando para a Lucia.

— Acho que só isso mesmo.

Ela puxa a Maria pra perto, põe a mão da filha na barriga e diz:

— Então, temos uma novidade pra te contar...

Maria arregala os olhões:

— AHHHHHHHHH! MAIS UM?!

Momentos de silêncio e suspense: como ela receberia essa notícia?

Aí ela diz:

— Oi, bebê! Eu sou sua irmã!

Pronto, olho molhado pra todo mundo[85].

Depois ela quis saber mais detalhes sobre como o bebê foi parar lá e começou a fazer planos de decoração para dividir o quarto com a Lu (quer um beliche com uma escrivaninha embaixo e gavetas que possam ser trancadas a chave).

E ainda por cima ficou preocupada com a irmã, dizendo que se ela, que tem 9 anos, ficou com um pouco de ciúme da Lucia quando ela

---

85. O ataque dos ciscos selvagens.

nasceu, como a Lucia ia encarar a chegada de um novo bebê, já que não tem idade pra entender direito o que está acontecendo?

E o pior é que ela já entendeu direitinho. Na hora de dormir, fazia tempo que ela tomava mamadeira sentada na minha perna, mas agora quer porque quer ficar deitada que nem um bebê de colo, passando sua mensagem: "O bebê da casa sou eu, eu!"

Bom, querida, você em breve será uma ex-caçula. Melhor ir se acostumando...

Queen of the Bongo Bong

O padrinho da Lucia é um sujeito que consegue tocar gaita, violão e bater o pé ao mesmo tempo. Ele tem um piano em casa e gosta de fazer um som – não é exatamente querido pelos vizinhos.

Já falei: apareceu em casa com instrumento musical de presente, vai pra lista negra. Mau amigo, mau!

Aí a Lucia acha um bongô na casa do padrinho e diverte-se a valer. Empolgado, ele decide que vai dar um presente musical para a Lucia. Aviso sobre a lista negra e não é que o cara fica indignado?

— Porra, brother, como assim? Seus filhos não podem aprender nenhum instrumento? Você vai querer que eles desafinem até na hora de tocar campainha, igual ao pai?

— Claro que eles podem aprender instrumentos. Aqui na sua casa!

Já passei por essa experiência antes, quando meu irmão mais novo resolveu aprender guitarra, na adolescência. Ouvir alguém aprendendo, tocando a mesma "música" até acertar, é torturante. Na época, eu gostava de Iron Maiden e Dire Straits. Depois de um ano ouvindo meu irmão praticar, o menor acorde já me dava ataque epilético.

Mas que a Lucia gostou do bongô, ah, ela gostou.

O que, depois piora? cobaias

Em casa andamos todos com muito sono, um pouco mais irritáveis que a média (a Ana fica irritada com bagunça, eu, com barulho), e se alguém ousa falar alguma coisa é recebido com um olhar que quer dizer: "Se você acha que dorme pouco/ tem muita bagunça/ tem muito barulho, espera mais sete meses pra ver". Um olhar pouco bem-vindo, diga-se.

E se eu arrumar um emprego em que possa dormir bastante? Crash test dummy, ou cobaia de medicamentos sedativos.

Mas quem acha que isso é moleza engana-se. Cobaias precisam lidar com efeitos colaterais como crescimento excessivo dos cílios do terceiro olho do rato que se alimenta dos insetos imaginários que as assolam. E pra ser crash test dummy precisa ser formado em impactologia aplicada... (ou feito de plástico).

E no vestibular para dummy tem de rachar a cabeça se quiser passar.

Mesmo assim, dormir no emprego parece um sonho...

calendário
Gravidezes

A recente notícia zerou o calendário. Juliano, gregoriano e agora dejavudesesperiano.

Dia 1º do novo calendário: É um Dia dos Pais do velho calendário; fazemos o teste e dá positivo. Faço a maior cara feia e o teste acaba sendo descartado dentro da embalagem do meu presente de Dia dos Pais.

Dia 2: Penso em enforcá-la enquanto dorme, ou em me enforcar enquanto durmo.

Dia 3: Fazemos um ultrassom pra confirmar, a médica dá os parabéns. Insensível.

Dia 4: Saio pra tomar cerveja com os camaradas e desabafar. De noite até tenho vontade de ter mais um filho. De manhã, de jeito nenhum. "Acorda você!"

Dia 5: Se da primeira vez era o medo do desconhecido, desta vez é o medo do conhecido.

Dia 6: Exijo uma planilha de gastos.

Dia 7: E no sétimo dia ele disse "Fazer o quê?"

Com a decisão, comunicamos à Maria, que perguntou se a gente fez sexo pra isso. Aliás, na segunda gravidez a pergunta mais comum é: "Vocês não têm TV em casa? Já ouviram falar de camisinha?" Chega a cansar.

Súbito a primeira briga da nova gravidez, uma surpresa pra quem achou que tudo ia ser um mar de rosas e obviamente não aprendeu com os próprios conselhos. Ela diz que eu preciso participar mais da parte chata, como imprimir os recibos de reembolso médico. Ranjo os dentes, já que ando absolutamente irritável, e fico pensando que duas crianças na casa já é muito decibel junto, a Maria fica batucando, a Lucia fica gritando e eu penso "Meu Deus, como vai ser com um bebê novo na casa? E se ainda por cima ele acordar a Lucia? Eu nunca mais vou dormir".

A pequena Lucia, por sua vez, parece ter pressentido a chegada do novo membro, porque começou a regredir, quer ficar no colo da mãe como um bebê pequeno e não larga mais a barra da saia, o que aliás muito me frustra, dado que depois de uma fase em que era papai pra lá e pra cá, agora é só mamãe, mamãe, e papai que se dane, não quer nem saber de mim, e fico aqui com aquele enorme buraco na asa em forma de Lucia.

Mamãe, por sua vez, obviamente quer um marido melhor, que traga o remédio de tiroide na dose certa, que recolha latinhas de cerveja da sala e que não fique enfezado com chamadas de atenção.

É como se no Jogo da Vida eu tivesse ficado com o carro cheio de filhos – isso já era estranho na época, agora então... As taquicardias de antes agora são sopro no coração, dá a impressão que vou morrer, negócio horroroso. Pânico, eu?

Ao saber da gravidez, as pessoas me perguntam se eu já sei qual o sexo.

Sei sim: foi naquele dia, desprotegido e supostamente interrompido. Um dia descubro de onde vêm os bebês. Na segunda gravidez o sexo começa a parecer uma hipótese viável.

Pra quem ainda acha que tudo são flores com as grávidas, é meu dever chover no molhado, digo, advertir-vos quanto à ditadura da barriga. Sim, as grávidas são enviadas de Deus, protetoras da vida, estão sempre certas, e jamais fique no caminho delas, certo ou errado, que elas te atropelam com barriga e tudo.

democracia
Lucia e o processo eleitoral

ucia levanta 6h30 e é meu dia de acordar cedo. Maria, tal qual um zumbi, acorda junto. Faço café da manhã pras duas e Maria volta pra cama. Que inveja! Passa mais um tempinho, Lucia elétrica. Para não acordar a Ana, vou com a Lucia votar.

Chegamos um pouco antes de a zona abrir e esperamos no carro, por causa da chuva. Ok, abriu; pego a Lucia pra mostrar pra ela como funciona a democracia. Tem uma fila de gente esperando o elevador, já que, dos seis andares do prédio, só os dois últimos estão sendo utilizados. Resolvo ir de escada.

No primeiro lance de escadas a Lucia começa a vomitar em jorros. Acerta meu sapato, a barra da minha calça, minha camiseta, as roupas dela, e pobre da zona eleitoral, que além de ficar com um cheiro horroroso se tornou um lugar perigoso, por causa do risco de queda. Subo mais um lance e nosso pequeno reservatório infinito de vômito repete o ato mais três vezes. Perdão, ó eleitores da Faculdade Sumaré. Por sorte eu não estava na fila do elevador, ou teria sido linchado.

Levo a pobre ao banheiro, dou uma limpadinha básica e depois pego o elevador. Não são alguns litros de matéria semidigerida que vão me fazer mudar de ideia. Fico na fila da minha seção, ouvindo comentários do tipo "É, essa é a criança que vomitou tudo aqui" e outros que não consigo discernir. Chegando lá dentro, me dizem que meu nome não está lá. Vou à seção do lado, todo vomitado, fedorento e horrorizando as pessoas, passo na frente da fila pra perguntar se meu nome está lá e me dizem que não.

As pessoas ficam falando "Nossa, que absurdo!", e eu, em resposta, aponto a Lucia na direção deles e digo: "Tem mais vômito aqui, se encher o saco eu aperto o gatilho", ou talvez eu tenha imaginado.

Em vez de repetir esse processo em todas as salas daquela verdadeira zona, olho para a carinha da Lucia e digo: "Processo eleitoral, você venceu desta vez", e vamos pra casa, só parando pra justificar o voto na saída. Justificar o voto na minha própria zona eleitoral é muito o fim da picada. A justificativa ficou cheirando a vômito, o que, espero, constitua razão em si mesma.

Chegamos em casa, tiro minha roupa, a da Lucia, ponho pra lavar, visto a Lucia[86], visto uma roupa e, quando a Ana acorda, nem imagina a verdadeira aula de democracia visceral que nós tivemos.

---

86. Nota da editora: não deu banho na Lucia? Eca!

procurando
Um soco na cara

evantamos, deixamos a Lucia na escola e fomos contentes, eu e a Ana, fazer o segundo ultrassom dela, meu primeiro nessa nova gravidez.

Cheguei todo animado, tirei foto do aquecedor de gel transdutor, o Gel Kent, pra poder perguntar de que parte do corpo do Clark isso saía. Tirei foto do painel de controle, cheio de botões, e eu adoro botões. Tirei foto do grande dildo ultrassônico, ao lado daqueles que vão na barriga, pra dizer "Adivinha qual desses vai ser".

O médico chega, começa o exame, acha o saco gestacional. Faz algumas perguntas, pede pra confirmar a data de concepção, pede pra ver o ultrassom de um mês atrás. Tira as medidas de tudo, colo do útero, ovários, mas nada de mostrar o bebê.

Fiquei me lembrando da gravidez passada, em que o médico demorou muitos minutos pra achar o coração do bebê, e pensei que já tinha visto isso antes. Mas não.

O bebê sumiu. Escrevo isso e meus olhos se enchem de lágrimas, de novo. O ultrassom acabou e nenhum bebê foi encontrado. Pequeno alien do meu coração.

O médico diz que, a princípio, pensou que a gente poderia ter errado a data da concepção. Mas o ultrassom de um mês atrás mostrava mais do que este, o pequeno feto estava lá, sim. Neste era pra ver tudo, e não tinha nada. O médico sugere fazer uma curva de beta-hCG pra confirmar. Diz que às vezes um problema genético do feto pode inviabilizar a gravidez e o corpo mesmo resolve isso. Afirma que isso acontece muito, a cada três ou quatro gestações.

Saímos do laboratório arrasados, carregando um peso de milhões de toneladas. Na saída, nos damos conta de uma coincidência impressionante: sabem aquele médico de um grande hospital que, com a Ana quase parindo a Lucia, disse que ela não estava em trabalho de parto (talvez porque o hospital estivesse lotado), fazendo a gente correr para outro hospital, onde a Lucia logo nasceu? Pois era esse o médico do ultrassom. Claro que a culpa não é dele, mas que coincidência nefasta.

Mais tarde conversamos com a médica da Ana, que pediu que ela agisse normalmente, como se estivesse grávida, tomando ácido fólico e afins, até a confirmação da situação. Sábado tem a curva de beta, e, cinco ou sete dias depois disso, outro ultrassom.

Entrei em choque: como posso viver dez dias sem saber se estamos mesmo grávidos ou não? Para provavelmente tudo se confirmar e, tendo renovado as esperanças, cair de cara no chão de novo? Do ponto de vista clínico, a médica está sendo responsável, mas a gente estava lá no exame, e onde deveria ter um lagartinho não tinha nada. A única chance é o médico ter cometido um erro impossivelmente crasso no ultrassom.

Fomos cada um pro seu trabalho. Fazer o quê? Ficar em casa? Passei o dia com vontade de colocar a Ana no colo e apertar. E com vontade de buscar a Lucia na escola, dar um abraço nela e não largar mais.

O bebê estava lá e sumiu.

Pesadelo confuso

Tive pesadelos a noite inteira. Em um deles, eu estava no apartamento de um amigo, enorme. O apartamento tinha vários quartos e eu pensei que era perfeito pra uma família grande. Depois eu estava nu pois a empregada de lá tinha jogado minhas roupas fora.

Meteorologias
trovoadas

omo era de imaginar, tivemos por aqui alguns dias tristes (como as ruas estreitas quando chove). De um lado, ouvimos conselhos sobre como as coisas podem vir para o bem – talvez o bebê tivesse algum problema genético, ou que assim teríamos mais tempo pra nos dedicar à nossa relação, ao trabalho e coisas assim. De outro, eu às vezes olho pra Lucia e fico tristíssimo pensando que o bebê poderia ser assim, como uma Lucia. Ou um meninão pra romper com esse reinado das mulheres.

No fim de semana tivemos de ir ao hospital para encerrar esse assunto do ponto de vista médico. Sem detalhes. Digo isso só pra contar que desci ao café pra comprar um doce pra Ana e aproveitei pra espiar os bebês recém-nascidos. Me lembrei da Lucia lá, de quando eu estava olhando pra ela através daquele mesmo vidro e fiquei espantado com como são bonitinhos os bebês pequenininhos. E tinha um desses vindo pra mim. Ia dar um trabalhão, mas como são bonitinhos. E se mexem! Mas me deu certo mal-estar olhar os pequenos, trovoadas de tristeza.

Tivemos alta e decidimos, eu e a Ana, passar pelo berçário antes de ir embora e fazer as pazes com os toquinhos de gente. Talvez a gente tente de novo fazer um desses, outra hora. E ainda de forma planejada, imagina? Ou talvez a gente decida encerrar por aqui e fechar a fabriquinha, curtir as meninas e ter mais tempo pra gente também.

De qualquer maneira, a Lucia é uma linda, a Maria, uma querida e a Ana é um sol que brilha. Sei disso mesmo quando ela está nublada.

bicho-papão
Isso lá é coisa que se ensine pras crianças?

Acordo e vou tirar a Lucia do berço. Ela olha pra minha camiseta do *Distrito 9*[87], que ganhei em um concurso de frases, aponta para o simpático sujeito estampado e diz:
— Bicho-papão! Bicho-papão!

Na hora eu explico:

— Bicho amigão, Lucia, bicho amigão.

— Gão?

— Isso, filha, é o bicho amigão.

Enquanto isso, me pergunto: quem foi o morfético que resolveu ensinar o conceito de bicho-papão pra Lucia? E o que tinha na cabeça? "Veja, uma tranquila menininha, deve ser porque ela não sabe que existem monstros. Vou mudar isso já!" Morféticos! Ah, se eu pego vocês...

87. Adoro esse filme.

Lucia e o treino para astronauta: lançamento em 10... 9...

Então a Lucia, que aprendeu a escalar antes de aprender a andar, depois de apertar botões fictícios e enfiar o dedo onde não deve, decidiu subir ali no primeiro andar do escorregador mais alto do parquinho. Achei melhor não, é muito alto. A bonitinha tentou pular lá sozinha lá da primeira plataforma, mas a gravidade terrestre não permitiu. Pediu, pediu, acabei colocando ela em cima[88]. Aí ela subiu pro próximo andar, que já tem lugares por onde ela poderia cair. Não tenho nenhum medo de altura e, ao que tudo indica, ela também não. Mas vê-la lá em cima me deixou tenso. Aí ela queria descer pelo escorregador megabláster-duplo-diamante, o que me deixou realmente tenso. E se ela pulasse no meio do caminho? Ou escorregasse em altíssima velocidade, fazendo uma cratera nuclear na areia? E se em vez de escorregar ela resolvesse cair de costas na escada? Pior é que ela queria descer de qualquer maneira pelo escorrega. Então, subi e ajudei a pequena a se posicionar para garantir a correta entrada no tubo de lançamento. No que ela começou a escorregar, me despenquei esbaforido de lá pra acompanhar a descida e protegê-la de quaisquer eventualidades, mas, para minha grande surpresa, o único tenso ali era eu, e ela desceu controlando a velocidade da descida com o pé.

---

88. Da série "Informações que podem ou não acarretar uma noite no sofá".

Toda sofisticada de vocabulário novo e nem quer saber de seu pobre e ignorante pai...

ra tão bonitinho! A Lucia chegava em casa da escola e pedia: "Cusho, cusho!" Arrancava-me um sorriso toda vez, nunca tentei corrigir. Aí ontem ela pediu pra mãe um "cusho", a mãe perguntou: "Quer suco, filha?" e ela respondeu: "Qué. Suco".

É o fim de uma era. E a nova era está meio estranha. Agora ela acorda de manhã e fica chamando a mamãe. Eu apareço no quarto e a danada fica de mau humor. Se joga no berço, não quer vir pro colo, tenta me bater, me empurra e uiva para a porta: "Mamããããããeeeeeeeeeeeeeeee!" Nossa, muito rejeitado! (Não seria tão ruim se a regra fosse "quem ela chamar vai lá e atende", caso em que eu dormiria muito mais.) Aí eu pego ela à força enquanto ela faz o truque de amolecer os ombros pra escorrer das mãos, troco a fralda enquanto ela esperneia e faço o leite enquanto ela resmunga. Um pouco mais tarde, ela sorri e diz: "Oi, papai". Pronto, que ela tenha herdado meu mau humor matinal já é um castigo. Ainda mais com esse mau humor tendo só a mim como alvo. Humpf, magoei. Quer suco? Vai lá e pega! Ou chama essa preciosa mamãe aí.

chocolatês
Pai, o (in)desculpavelmente sujo

Você entra em uma sala de reuniões cheia. Para saber quem é pai de um bebê pequeno, feche os olhos e use sua napa. O pai vai cheirar a Hipoglós ou a leite azedo. Porque o bebê bonitinho que você pegou no colo e que deu tchau com tanto carinho vomitou nas suas costas ou no seu ombro. Não muito, senão você perceberia e trocaria de roupa. Só o suficiente pra todo mundo perceber menos você.

Crianças maiores, como a Lucia agora, já não regurgitam tanto, mas são mágicas. Você sai de casa e a criança está assim: "Nada nesta mão, nada na outra..." Ela pede colo e vai o caminho todo nele, ou seja, sem pegar nada de um alçapão mágico no chão ou na lixeira do prédio. Você a coloca no carro e, quando chega à escola, a pequena está toda suja e dentro daquelas mãos fechadinhas tem um monte de bolo de chocolate – que em breve aparecerá também na camisa do porteiro.

Você chega ao trabalho e tira com água a marca de patinha na frente da camisa, achando-se muito esperto, só para chegar naquela reunião com um grande cliente e alguém te perguntar que caracas é aquela marca de chocolate nas suas costas, que só falta significar "Chute-me" em chocolatês.

Padrasto boca-suja imitando

Um belo dia, chego em casa e a Maria está dando uma bronca na Lucia e mandando a irmã pro castigo. Fico meio com o pé atrás, já que talvez não seja parte do papel dela colocar a Lucia de castigo.
— Maria, o que a Lucia fez?
— Me bateu! Lucia, pro castigo!
— Maria, acho que essa não é a melhor opção...
— Lucia, pede desculpa!
— Dicupa, Maria!

E dá um abraço apertado na irmã.

O engraçado é que, na sequência, ela corre pro quarto onde está a babá e diz: "Dicupa!", dando um abraço nela também. Pergunto pra ela o que aconteceu e entendo que a Lucia "bateu" nela também. Olha só, a Lucia sabia exatamente pelo que estava pedindo desculpas.

Mais tarde, estamos eu e as irmãs na sala e a Maria fica muito ansiosa por conta de um programa na TV, começando a falar com uma voz meio irritante. A Lucia fica imitando, as palavras e o estilo. Eu digo:
— Maria, não faz essa voz de retardada.
— Rê! – diz ela, que é uma menina muito politicamente correta.
— E a Lucia ainda fica te imitando, a retardadinha júnior!

A Maria cerra os dentes e vem me dar um tapão no braço.

191

— Maria, você não tem a menor moral para colocar a Lucia no castigo. Olha que mau exemplo!

E, falando em mau exemplo, nas raras vezes em que a Maria fala um palavrão ela diz que a culpa é minha e que aprendeu com o meu livro. Ninguém se salva aqui.

A despedida

Deixo a Lucia na escola todo dia e ela não me dá tchau. Da mãe ela se despede, seja em casa, seja na escola. Na hora de dormir, ela dá tchau pra todo mundo menos pra mim. Humpf! Com uma ponta de inveja, explico, em meu diálogo interno, que o papai é muito mais legal e, por isso, ela não quer nem se despedir, já que tchau significa ir embora.

Na porta da escola o porteiro se diverte, porque eu fico dizendo "Fala tchau, Lucia! Fala tchau!", e ela nada, só ri...

Hoje, quando tirei a pequena da cadeirinha, ela abraçou meu pescoço com força e apertou sua bochecha redonda na minha cara. Passou pro colo do porteiro e me deu um tchauzinho. E mais um quando entrei no carro.

Saí de lá completamente feliz, explicando ao diálogo interno que tchau é o que ela dá pras pessoas importantes, e no caminho pro trabalho meu diálogo reclamou que havia ciscos demais no meu olho.

De monstruosa gentileza
comovido

no passado a Renata, uma blogueira, organizou um amigo--secreto entre os chamados "sobrinhos virtuais". São aquelas crianças que você vê crescer, muitas vezes desde que eram ovinhos, e que apesar de jamais ter encontrado pessoalmente você adora como se fossem sobrinhos. Sobrinhos virtuais.

Acabou de chegar o presente da Lucia deste ano. Cara, fiquei emocionadíssimo! Primeiro com o cartão, que dizia que eles estavam muito felizes de terem tirado a Lucia, esse ser que gosta de sushi e bife frio, de Ramones e Lanterna Verde, e que o presente era algo que os gatos não comeriam: um livro com uma menina de cabelos pretos que se chama Lucy.

Só de ler o cartão fiquei todo comovido, um cartão de uma gentileza tão ímpar que se triturado, transformado em um fino pó e cheirado causaria overdose até mesmo em uma fada. Fiquei me sentindo um ogro do pântano por ter enviado o meu presente de amigo--secreto sem um cartão assim tão legal, ou qualquer cartão.

E, quando abro o embrulho, outra surpresa: o livro é de um dos meus autores prediletos, o Neil Gaiman. E é um livro genial, *Os lobos dentro das paredes*. A Lucia vai amar, e quero muito que a Maria leia, pois ela vai amar também. Aliás, recomendo esse livro pra todo mundo, adultos e crianças.

Assim, agradeci de coração o presente e, mais do que isso, uma manhã terna pra iluminar o resto do dia.

Acordares

Acordar é sempre sofrido. Acordar no dia em que você está fazendo 35 anos pela segunda vez na vida[89] não ajuda muito. O que ajuda é um par de marias-chiquinhas de cabelo escuro na beira da cama dizendo: "Bens, papai! Papai! Bens a vocêêêêê! Bolo? Boloooo!"

---

89. A primeira foi nessa mesma data, um ano antes.

Ela chora quando está sozinha uma ova!

A moça que fica com a Lucia no fim da tarde canta sempre uma música que diz: "Ela chora quando está sozinha...". Eu fico possesso. Isso lá é coisa pra se ensinar? Mas claro que não posso banir a música, então tento acrescentar frases, como "... mas a Lucia não". Se ao menos eu tivesse talento pra música isso poderia surtir algum efeito.

O Patinho Feio e sua fazenda de idiotas

Semana passada, a Lucia me pediu pra contar a história do Patinho Feio. Contei o que eu me lembrava: "Era uma vez um patinho feio. Todo mundo caçoava dele, mas ele cresceu e virou um lindo cisne". Ela ficou feliz.

Depois perguntei pra Ana se a história era aquela mesmo, parecia meio curta. Ela me disse que não, que aconteciam muito mais coisas nesse meio-tempo. Ué?! Fui pesquisar a versão do Hans Andersen.

Li e fui tomado de uma sensação de horror. Da mesma sensação de injustiça e indignação que tinha ao ouvir essa história quando criança – acho que a mais assustadora de todas –, e fiquei surpreso por ter esquecido tudo isso. Ou não – Freud implica.

"Todos os bichos, inclusive os patinhos, perseguiam a criaturinha feia. A pata, que no princípio defendia aquela sua estranha cria, agora também sentia vergonha e não queria tê-la em sua companhia. O pobre patinho crescia só, malcuidado e desprezado."

Em algumas versões, ele foge quando caçadores chegam ao brejo. Em outras, ele é enxotado pelos irmãos.

Porra, que história triste dos infernos! E aonde ele vai continua sendo perseguido; quando encontra um lar potencial, é sabotado e acaba ostracizado de novo. É o bullying ancestral e o arquétipo do desamparo.

Eventualmente, tendo sobrevivido a inúmeras perseguições e depois, sozinho, ao frio do inverno, ele encontra um grupo de cisnes e passa a viver entre eles. A questão não é que virou um lindo cisne, ele poderia ser até um ornitorrinco. Mas que existe um lugar até para os estranhos, para os desajeitados, um grupo de seres que vai te aceitar, ainda que, para chegar lá, você tenha de comer o pão que o diabo amassou por intermináveis manhãs, por um interminável inverno. Que ódio dessa fazenda inteira!

Diálogos internos com uma besta *ou duas*

Fui levar a Lucia pra escola, já que começou o curso de férias – ufa! Mas pela segunda vez seguida levei-a para a unidade onde fica o berçário e o G1 em vez de rumar para o G2. Ah, apenas um errinho, força do hábito, né? Mais ou menos. E como eu tenho uma avó psicanalista que não hesita em dizer o que pensa, o diálogo interno começa:

— Ah, Renato, você não quer que ela cresça.

— Claro que eu não quero que ela cresça, Renato. Ela é o meu bebezinho!

— Você quer que ela seja uma anã?

— Seu maldito, não foi isso que eu disse.

— De certa forma, foi isso. E de certa forma foi você quem disse também.

— Você está falando da anã só porque leu ontem sobre uma anã bêbada. E, nossa, você está me irritando profundamente! Claro que eu quero que ela cresça, ela inclusive deve acabar mais alta que eu.

— Bom, isso não é difícil, né?

— Hahaha, não é mesmo. A questão é que eu não estou pronto e a velocidade com que isso acontece me atropela.

— Porra, mas você é um lerdo, já passou a gravidez toda dizendo "Atropelado pela vida. Atingido por ondas gigantes num cavalo louco e sem rédea, e pior, sem sela" e agora vai continuar com esse papinho? Ora, cale a boca.

— Injusto. Eu até fico brincando com a história de mandar o pretendente infantil para a Legião Estrangeira para quando chegar a hora eu já estar mais preparado.

— E funciona?

— Não sei, te digo quando chegar lá. Isso se não matar você primeiro.

— Ah, isso eu quero ver, vai ser *Clube da luta* na veia!

— ...

— Olha, preciso dizer que você é um sóbrio insuportável. Por que não toma uma dose de vodca meia hora antes de o despertador tocar e só bem depois fala comigo?

— Chegamos à escola. À escola certa, desta vez. O que sua avó diria?

— Pra eu ficar quieto antes que o porteiro comece a achar que eu sou louco.

— E você liga para o que o porteiro pensa?

— Na verdade, não.

— Pergunta se ele tem vodca?

— Boa!

Um bebê é um tipo de operador de telemarketing

foi engano

assim, como em um breve ataque de epilepsia espiritual, pisco o olho e a Lucia se torna uma menina adorável. Hoje eu disse: "Obrigado, Lucia" e ela respondeu: "De nada". Quase fiquei diabético de tanta doçura. Hoje deve ser o Dia Nacional das Metáforas Médicas.

Mais cedo nesta semana, ela acordou às três da manhã. Chamou: "Mamãe". Nada. Quem sabe se a gente ignorar ela dorme de novo, é cedo pra burro. "Papaaaai". Nada. Aí ela manda uma assim: "PAPAI ENATOOOOO!" Pronto. Me ganhou, não resisti e fui lá ficar com ela.

Tem uma história que ouvi outro dia, verídica, mas não me lembro de quem para dar o devido crédito, de um filho no berço que ficou chamando: "Papaaaai". Nada. "Papaaaai". Nada. Aí o moleque manda uma assim: "Papaaaai, vem cá! TEM CHOPE AQUI!" Que geração mais inteligente dos infernos.

Como a Lucia queria sair da cama, fui com ela pro sofá. Peguei meu travesseiro. A espaçosinha ocupou o travesseiro todo, me deu uns chutes na costela e disse: "Vai mais pra lá?" Se não fosse tão fofa juro que eu a derrubava do sofá, só pra aprender. Quando estou quase pegando no sono, já umas cinco e cacetada, ela diz: "Papai... qué leite colate".

Pais de todo o mundo, zumbi-vos.

Na montanha-russa quântica particular

A vida com filhos se parece muito com esse famoso brinquedo de parques de diversão, só que sem pausa pra sair do carrinho. Você está lá, subindo tranquilamente, e de repente é "Ai, meu Deus! Caceta!"

A Lucia decidiu que é "gande". Ela pediu pra não usar fralda. "Falda não! Lucia gande. Lucia banheiro". E está se divertindo à beça com isso. "Calcinha!", ela grita. Nessa hora percebemos que fralda, aquele sistema de esgoto particular que a gente tanto reclama pra trocar, é prática pra caramba. O desfraldamento é cheio de pedras no caminho. Pedras líquidas e sólidas. Mas um dia ela vai começar a ir ao banheiro sozinha, e isso talvez compense os rolos de papel-toalha.

Como se isso fosse pouco, no mesmo dia em que recusou a fralda ela pediu pra dormir na cama, não no berço. Ótimo, mas também tem seus reveses; no berço ela não tem pra onde ir e acaba dormindo um pouco mais, chora um pouco e volta a dormir. Na cama ela levanta, abre a porta e fica ali gritando de manhã. De noite também dificulta, já que pro berço você leva uma vez só, e no caso da cama tem uma boa dose de déjà-vu.

Claro que tem coisas ótimas, como chegar em casa e ouvir: "Papai chegou! Papai querido!", "Lucia tem 2 anos. Papai tem 3", ou como quando ela saiu berrando pela casa: "Lucia é feliz! Feliiiiz!"

Já escondi a chave do carro, coloquei a cachaça na prateleira de cima e mandei avisar os pretendentes de que tenho vocação pra ogro, não pra sogro. E torço pra que eles acreditem.

Sashimi

Como pode o peixe vivo terminar ali na pia...

Eu e o peixe, o Sashimi, tínhamos chegado a um acordo de cavalheiros: eu dava comida e trocava a água; ele, por sua vez, não morria. Ficava ali em uma jarra na pia do banheiro, sendo às vezes visitado por gatos, para o grande desespero da Maria. Ele me encarava de um jeito estranho, sem piscar, em especial na hora do banho. Fui acostumando.

Conversando no Twitter, descobri que o peixe não era anoréxico, apenas precisava de pouco alimento. E que o peixe de alguém morreu por excesso de comida. Um animal que, tendo alimento, come até morrer é evolucionariamente estúpido, mas me explicaram que não foi isso, e sim um tubo inteiro de comida que sufocou ou aterrou o peixe. Por via das dúvidas, eu trocava a água dele a cada dois dias, pra tirar o excesso de alimento, que sempre havia. Talvez fosse mesmo anoréxico.

Ontem, durante o tradicional esvaziar parcial da jarra, em vez de ficar lá no fundão, como o peixe mau aluno de sempre, foi pra cima e escorreu com a água. Tomado de taquicardia fui pegar o escorregadio laranjinha na pia e ele foi pro ralo. Antes que eu pudesse pensar em como tirá-lo do ralo sem machucar, ele se pôs na vertical e desceu pro encanamento. Pronto, alguém vai contar isso pra minha irmã.

Liguei imediatamente a torneira, pra evitar que sufocasse, ou de repente com o fluxo de água ele poderia ir parar no mar, rio, ou piscinão fluvial que fosse. Ficar na pia é que não; se morresse ia feder e se continuasse vivo não seria por muito tempo.

Movido pela urgência, peguei a lixinha do cortador de unha e comecei a desparafusar o ralo com ela. Achei que ia sair a parte de cima do ralinho e que eu poderia pescá-lo com o dedo, ou sei lá. Senti água nos pés e em breve caiu o encanamento todo da pia. Como pode o parafuso do ralo segurar tudo aquilo? Afe! A boa notícia é que resgatei o peixe ainda vivo, coloquei de volta na jarra e ele nadou, me dando grande felicidade e uma sensação de tragédia evitada, exceto pelo fato de o banheiro, o armário e as coisas debaixo da pia ficarem molhados pra sempre.

Como qualquer pessoa que tem criança (em casa ou dentro de si) sabe, é muito mais fácil desmontar algo do que remontar. Como qualquer pessoa que é um homem ou tem um (em casa ou dentro de si) sabe, detestamos pedir ajuda, informações e perguntar o caminho. A contragosto, chamei o encanador do prédio, que consertou o estrago fazendo cara feia e dizendo: "Ô, seu Renato, não mexe mais na pia, não". Deve ser porque eu não pago ele.

Pia resolvida, volto ao peixe. O bicho deve estar todo contaminado de melecas de pia, pasta de dente, espuma de barba... Como limpá-lo? Pra mim isso envolve tirar escamas e órgãos. Pensei em xampu, mas da última vez os resultados não foram bons. Troquei a água dele algumas vezes, na esperança de reduzir a contaminação, mas isso pode até ter estressado mais o bichinho.

Horas depois o peixe estava de lado, abrindo e fechando a boca. Maria achou que fosse fome. Provável é que estivesse dizendo: "Mas o senhor é um baita pé-frio, hein?"

Maria passou a noite amuada, falando "Tadinha da Sashi!", no feminino mesmo, e ficou muito triste com o fato de o peixe ter feito exatamente o contrário de não morrer.

Fizemos um funeral pra ela na Privada Norte, incluindo uma simbólica gota de shoyu. Sabia que essa história ia ser ruim pras crianças.

Já eu, snif, nem ligo.

Feliz aniversário, filha!

presente

Então algum macaco que evoluiu em uma bola de lama orbitando uma estrela média G2 no braço de Órion de alguma galáxia menor, nos cafundós do supercluster de Virgem, quase não fez senão comer, dormir, sujar fraldas, aprender a falar, mandar e fazer uma puta zona pela duração de $2 \times (2.9010 \times 10^{17})$ períodos da radiação correspondente a dois níveis hiperfinos do estado básico de um átomo de césio 133 descansando à temperatura de zero kelvin[90].

E isso é motivo de grande felicidade!

"Querida Lucia,

Nesses seus 2 anos eu descobri mais coisas sobre a vida que nos últimos 20. Quando você veio, eu me preocupava pensando se eu saberia te ensinar, e mal desconfiava quanto teria pra aprender.

Lembra a frase do Paul Valéry? 'O homem feliz é aquele que ao despertar se reencontra com prazer e se reconhece como aquele que gosta de ser.' Esse foi o seu presente pra mim.

Obrigado por tudo,
seu pai."

---

90. Do abstrusegoose.com.

leia também

DIÁRIO DE UM GRÁVIDO
Renato Kaufmann

Este livro conta, com humor desconcertantemente sincero e apaixonado, como é atrapalhada e emocionante a gravidez do ponto de vista masculino. Do pânico da notícia até o nascimento do bebê, passando pelo primeiro ultrassom, o sumiço do obstetra, o hospital sem vaga, a intrigante placenta, as outras grávidas e os hormônios ensandecidos, a obra traz uma perspectiva nova sobre um tema universal. Prefácio de Washington Olivetto.

REF. 70010
ISBN 978-85-88641-10-5